RUTH HEIL

Von der Freiheit eine Frau zu sein

edition TROBISCH

RUTH HEIL

Von der Freiheit eine Frau zu sein

Mit Gaben und Grenzen leben lernen

edition TROBISCH

Ruth Heil wurde 1947 geboren. Sie ist Mutter von elf Kindern. Neben ihrer Arbeit in der Eheseelsorge hält sie Seminare und Vorträge. Sie arbeitet bei verschiedenen Zeitschriften mit und ist Autorin zahlreicher Bücher.

Edition TROBISCH
Bestell-Nr. 854.172
ISBN 3-7751-9172-0

Internet: www.haenssler.de
E-Mail: info@haenssler.de
Titelfoto: MEV-Verlag
Umschlaggestaltung: Daniel Kocherscheidt
Satz: AbSatz, Klein Nordende
Druck und Bindung: Ebner Ulm
Printed in Germany

Inhalt

Offene Worte …

… von Frau zu Frau

Diese Artikel sind aus aktuellen Situationen heraus entstanden. Mir wurde dabei klar: Viele Frauen erleben Ähnliches.

Oft rutschen die jeweiligen Erfahrungen ins Unterbewusste. Von dort aus steuern sie auf eigenartige Weise unser Fühlen und irritieren unser Denken.

Ich habe nichts anderes getan, als aufzuschreiben, was Sie ohnehin wissen, damit Sie sich selbst Klarheit in Ihren Gedanken verschaffen und dadurch Ihre Gefühle besser einordnen können.

Gefühle können uns lahm legen und innerlich zerstören. Gefühle können aber auch zu einem unglaublichen Reichtum für uns selbst und für andere werden. Sie befähigen uns zu tiefer Freude und Mitfreude, aber auch zum Leid und damit zum Mitgefühl, wenn andere Schmerz erleben.

Das ist mein Wunsch, dass das Potenzial der Gefühle, mit dem Gott auf starke Weise das Leben von Frauen, von Ihnen, begabt hat, zu einem großen Baum wächst, unter dem Sie selbst und damit auch viele Menschen Schatten finden.

… von Frau zu Mann

Danke, dass Sie Ihre Frau so sehr lieben, dass Sie sich bemühen, sie verstehen zu wollen.

Frauen verstehen sich oft selbst nicht. Versuchen Sie nicht, durch Fragen die richtige Antwort herauszufinden. Das irritiert uns Frauen eher.

Seien Sie einfach ein liebevoller Zuhörer, der sich nicht durch Mimik oder Worte verunsichern lässt.

Ruth Heil

Dankbarkeit als Lebensaufgabe

»Die größte Kraft des Lebens ist der Dank«, sagt Hermann Bezzel.

Ich möchte hinzufügen, dass es wohl auch die schwerste Kraft ist. Denn zu danken fordert auf, über das Positive nachzudenken. Doch das ist nun oft das ganz Alltägliche, das wir schon nicht mehr wahrnehmen, weil es so selbstverständlich ist.

Ein Bekannter von uns musste für längere Zeit wegen eines gebrochenen Knöchels einen Gips tragen. Als der Gips abgenommen wurde und er wieder einigermaßen gehen konnte, berichtete er mir: »Es ist eine ganz andere Art des Gehens. Zwar kann ich mich noch nicht so flink bewegen, wie das vorher der Fall war, aber jedes Mal, wenn ich aufstehe, danke ich Gott dafür, dass der schwere Gips nicht mehr am Bein ist.« Er lachte: »Ist es nicht komisch? Vorher konnte ich gehen und hab nicht einmal daran gedacht zu danken! Dieser Gipsfuß hat mich das Danken gelehrt!«

Wir alle sind unwahrscheinlich gut im Jammern. Dies läuft meist unbewusst ab. Wir jammern über unsere »Wehwehchen«, aber auch über die Menschen, die an unserer Seite leben. Unsere einseitige Wahrnehmung wird umso krasser, je länger und näher wir zusammenleben. Sie befähigt uns, die Fehler des anderen korrekt und mikroskopisch genau wahrzunehmen. Uns wird bewusst, was alles anders sein könnte, und wir werden mit ständiger Unzufriedenheit erfüllt.

Paulus fordert uns zu ganz anderem auf. Er sagt in Philipper 4,8: »Was wahrhaftig ist, was ehrbar, was gerecht, was rein, was liebenswert, was einen guten Ruf hat, sei es eine Tugend, sei es ein Lob – darauf seid bedacht!«

Wer anfängt, über das Gute nachzudenken, der findet immer neuen Grund, dankbar zu werden.

Vor einiger Zeit brachte ich unseren Kindern bei, wie Tag und Nacht entstehen. Im Dunkeln zeigte ich ihnen einen Globus, den ich auf der einen Seite mit einer Kerze anleuchtete. Sie sollte die Sonne darstellen. Die Kinder waren ganz erstaunt, dass es Nacht wird, wenn die Erde sich von der Sonne wegdreht. »Die Sonne bleibt immer an der gleichen Stelle«, erklärte ich ihnen. Als ich am Abend am Bett meiner kleinen Tochter saß, betete sie: »Danke, Herr Jesus, dass du auch heute Nacht die Erde weiterdrehst. Wenn die gerade bei Nacht bei uns stehen bleiben würde, das wäre ja furchtbar.«

Haben wir uns schon einmal die Mühe gemacht, dafür zu danken?

Dieses Beispiel brachte mich zum Nachdenken. Jesus ist wie die Sonne. Er ist immer da, wenn wir ihn brauchen. Nur wir sind es, die uns wegdrehen. Und dann jammern wir über die Dunkelheit. Wer anfängt zu danken, dreht sich der Sonne Jesus zu. Er hört auf, über die Nacht zu jammern, und dankt schon für den bevorstehenden Tag, auch wenn er ihn nicht sieht.

Wer anfängt zu danken, findet immer neuen Grund dazu.

Seid dankbar in allen Dingen.
(1. Thessalonicher 5,18)

Zum Nachdenken:

Schreiben Sie zehn Punkte auf, für die Sie Gott danken möchten.

Schreiben Sie zehn positive Dinge auf über einen Menschen, der bei Ihnen wohnt und den Sie schon lange und gut kennen. Sie brauchen diese Liste nicht an einem Tag zu erstellen. Aber hängen Sie sie irgendwo auf und vervollständigen Sie sie, auch mit Kleinigkeiten. Wenn möglich, händigen Sie diese Liste dem Betroffenen irgendwann mit einem Wort des Dankes aus.

Gebet:

Herr, jetzt gerade zu danken, finde ich ungemein schwer. Ich bin so enttäuscht von meiner Lebenssituation. Fast empfinde ich meinen Dank als Lüge.

Aber mitten in meiner Nacht glaube ich, dass du die Sonne bist. Ich danke dir, dass du mir die Kraft gibst, bis zum Morgen auszuhalten.

Merke:

Jammern stellt sich allein ein.

Danken kommt durch Nachdenken.

Die Ehesprache

Die Sprache in der Ehe ist die schwerste Fremdsprache der Welt. Jedenfalls behaupte ich das. Je länger wir einen Menschen kennen, umso mehr glauben wir zu wissen, was er mit dem sagen will, was er ausdrückt. Die eigentliche Gefahr liegt deshalb darin, dass wir nicht mehr richtig zuhören.

Sprache muss gepflegt werden, damit sie nicht verlernt wird. Bei mir selbst merke ich: Wenn wir als Ehepartner wenig Zeit haben, um miteinander zu sprechen - auch Alltägliches -, kommt es viel schneller zu Missverständnissen. Je mehr Zeit wir uns nehmen, um Dinge durchzusprechen, die uns beschäftigen, desto besser gelingt auch der tiefere Dialog. Denn dann kann ich viel eher die Stimmungen des anderen begreifen.

Aber es gehört noch mehr dazu. Meist trösten wir in der Weise, wie wir gerne getröstet würden, wenn Nöte da sind. Wir suchen nach Erklärungen und bieten Lösungen an, die uns persönlich als hilfreich erscheinen.

Das wurde mir im Gespräch mit einem Ehepaar besonders deutlich. Die Frau behauptete: »Mein Mann nimmt mich nicht ernst. Er versteht nicht die Not, die in meinen Worten steckt.« Der Mann wehrte ab: »Im Gegenteil, ich nehme dich sehr ernst. Deshalb will ich dir helfen.« - »Aber du minderst ja meine Gefühle, indem du behauptest, das ginge schon alles wieder vorbei. Es sei alles halb so schlimm. Morgen würde es anders aussehen. Damit sagst du, dass dies nur eine Stimmung sei, die man nicht tragisch werten könne«, äußerte die Frau verzweifelt. »Aber oft ist es doch auch so«, entgegnet der Mann. »Und wenn dem auch so sein sollte«, fällt die Frau nun ein, »so stellt es sich in diesem Moment doch genau anders dar.«

Ich fragte den Mann: »Wenn Ihnen ein Missgeschick im Geschäft passiert ist, wie reagiert Ihre Frau denn darauf?« - »Das erzähle ich ihr gar nicht mehr«, ließ mich der Mann wissen. »Früher kam ich bedrückt heim und ließ sie Anteil daran haben. Aber das endete für mich in einer Katastrophe. Sie fühlte so sehr mit, dass es am Schluss schlimmer war, als ich es selbst erlebt hatte. Sie vermittelte mir den Eindruck, nun gäbe es gar keine Lösungen mehr, und alles erschien als Riesentragödie. Inzwischen versuche ich, solche Ereignisse zu überspielen, damit sie nichts merkt.«

Wir sehen hier, wie einer den anderen mit derselben Art von Anteilnahme tröstet, mit der er selbst bedacht werden möchte: Für die Frau wäre es wichtig, der Mann nähme sie ganz ernst und versetzte sich völlig in ihre Lage - er nähme die ganze Not ihrer Gefühle auf sich und litte mit ihr. Durch sein Abschwächen fühlt sie ihre Gefühle abgewertet und sich nicht für voll genommen.

Dem Mann dagegen würde es weit mehr helfen, die Frau würde seine Bedenken, was alles an Schlimmem aus diesem Geschehen erwachsen könnte, herunterspielen. Das wäre eine echte Hilfe für ihn.

Durch ihre Art des Einfühlens spürt er sein Versagen nun doppelt.

Weil jeder von den beiden sich in der Notsituation nicht aufgefangen fühlt, entfremden sie sich. Mit der Zeit werden sie einander immer weniger persönliche Erfahrungen mitteilen, weil sie nicht mit einem konstruktiven Verständnis des anderen rechnen können. Was dazu kommt, ist ein gewisses Selbstmitleid; denn man hatte ja versucht, den anderen zu verstehen. Der aber hat sich anscheinend nie die Mühe gemacht, dasselbe zu tun.

Zum Nachdenken:

Wie möchte ich gerne getröstet werden?

Hilft es mir mehr, wenn der andere mich ermutigt, die Angelegenheit erst einmal zu überschlafen?

Oder brauche ich es, dass meine Besorgnis besonders ernst genommen wird und meine Befürchtungen zunächst einmal unterstrichen werden?

Sprechen Sie in einem guten Moment darüber und tauschen Sie sich gegenseitig aus!

Gebet:

Vater im Himmel, im tiefsten Herzen sehne ich mich danach, verstanden zu werden. Aber so oft ich es auch erhoffe, so oft werde ich auch enttäuscht, fühle mich missverstanden, nicht ernst genommen, falsch abgespeist durch die Antwort. Vielleicht geht es den Menschen an meiner Seite ebenso, ohne dass ich es wahrnehme.

Du allein kennst uns, wie wir wirklich sind und was wir brauchen. Gib mir Weisheit, meine Bedürfnisse in die richtigen Worte zu kleiden. Und hilf mir bitte, den Menschen an meiner Seite auf der Ebene zu trösten, wie er darauf hofft, getröstet zu werden.

Merke:

Höre genau hin, wenn dich jemand zu trösten versucht.

Dies ist die Art und Weise, wie du ihm helfen kannst, wenn er dich einmal braucht.

Der vergessene Hochzeitstag

Wir sind seit 33 Jahren verheiratet. Mein Mann beschenkte mich auch dieses Jahr liebevoll zu unserem Erinnerungstag. Vor vielen Jahren, ja, da war es schon gelegentlich vorgekommen, dass er den Verlobungs- oder Hochzeitstag - oder sogar beide Tage vergaß. Falls Ihnen das als Mann schon passiert ist, ist Ihnen sicher noch in Erinnerung, wie Ihre Frau darauf reagierte.

Mit dem Vergessen des Verlobungstages konnte ich ja gerade noch umgehen. Aber wenn es um den Hochzeitstag ging! »So wenig bin ich ihm also wert«, ging es durch meine Gedanken! »Im Grunde bin ich ihm gleichgültig«, bemitleidete ich mich.

Der Tag war verhangen - ich wartete, ob mein Mann vielleicht doch noch darauf kommen würde.

Damals wusste ich noch nicht, dass Männer in ihrer eigenen Terminwelt leben und gedanklich voll damit beschäftigt sind. So konnte mein Mann nicht erahnen, wie viel mir dieser Tag bedeutete.

Irgendwann muss er es dann doch begriffen haben. Denn Jahr für Jahr dachte er plötzlich an alle für uns beide wichtigen Tage. Ob er mich neu zu lieben begonnen hatte? Eines Tages konnte ich es nicht mehr aushalten. Ich wollte, ich musste es von ihm wissen: »Schatz«, fragte ich ihn zärtlich, »wie kommt es, dass du nun so lange keinen unserer Tage vergessen hast?«

Er lachte: »Das ist ganz einfach zu erklären«, sagte er nüchtern. »Ich übertrage inzwischen Jahr für Jahr die Daten in den neuen Terminkalender!«

Mein Stimmungsbarometer fiel bedrohlich. Ich war wütend, und wie wütend! Das war also sein ganzes Geheimnis. Er liebte mich nicht mehr als zuvor, sondern er machte sich einen Vermerk im Terminkalender, einen von vielen!

Inzwischen bin ich weiser geworden. Ich schätze es, dass ich in seinem Terminkalender stehe, denn sonst könnte ich verloren gehen. Da ist ein fester Platz für mich darin. Und all die anderen

Leute, die darin stehen, bekommen bei ihrem Termin mit meinem Mann sicher keine Rosen geschenkt!

Ich weiß, dass ich nicht nur einen Termin im Kalender habe, sondern auch in seinem Herzen. - Und ich weiß, dass Terminkalender Männern helfen können, an Wichtiges zu denken.

Weil mein Mann an die Termine denkt, die mir etwas bedeuten, weiß ich, dass ich ihm etwas bedeute!

Für den Mann:

Wenn Sie nun ein Typ sind, der dazu neigt, die für Ihre Frau so wichtigen Daten zu vergessen: Notieren Sie sie doch auch!

Zum Nachdenken:

Bei manchen Daten geht es nicht um bloße Termine. Manchmal hat der Partner Angst unwichtig zu sein, falls ein ihm wichtiger Tag vergessen wird.

Gebet:

Herr Jesus Christus, schenke mir erleuchtete Augen, damit ich erkennen kann, was für meinen Mann/meine Frau wichtig ist. Bitte erinnere mich daran auf seine/ihre Gefühle zu achten. Lehre mich die rechten Worte und Geschenke zu finden, um dem anderen damit zu zeigen, dass er mir wichtig ist.

Merke:

Was meinem Partner wichtig ist, muss auf meiner Prioritätenliste stehen, auch wenn es mir selbst nur wenig bedeutet.

Die innere Einsamkeit der Frau

»Er versteht einfach nicht, was ich will.« Diesen Satz habe ich schon tausendfach gehört. Andere Versionen davon sind:

- Er trampelt auf meinen Gefühlen herum, ohne es zu merken.
- Er verletzt mich ständig.
- Er kritisiert mich und erträgt selbst kein Quentchen Kritik.
- Er kann sich nicht in mich einfühlen.
- Ich tue alles für ihn, aber es kommt überhaupt nichts zurück.
- Solange ich funktioniere, ist alles gut.
- Ich fühle mich in unserer Ehe wie ein Befehlsempfänger.
- Unsere einzige Unterhaltung besteht darin, dass wir Pflichten untereinander verteilen.

Eine Frau lebt in der Welt der Beziehung. Eva wird »die Mutter aller, die da leben « genannt (1. Mose 3,20). Durch die Frau wird Leben geboren, das Kind wächst in der Frau. Die ganze Gefühlswelt der Frau ist auf Leben und Beziehung ausgerichtet.

Die Welt des Mannes ist der Acker. Es ist der Boden, der nicht reden kann, das Feld, das er bearbeitet, dem er aber keine Antwort schuldet. Er setzt sich damit auseinander, ohne eine Beziehung aufbauen zu müssen.

Das Feld der Frau ist die Beziehung zum Menschen. Die Frau bekommt die Kinder, der Mann die Äcker zugedacht (1. Mose 3,16-19).

Heute überschneiden sich viele der ursprünglichen Aufgaben. Dennoch ist die innere Ausrichtung im Menschen im Großen und Ganzen ähnlich geblieben:

Viele Männer können lebhaft über Politik diskutieren, schweigen aber gelangweilt, wenn von einem neuen Kind in der Nachbarschaft gesprochen wird.

Umgekehrt werden die meisten Frauen zuerst wissen wollen, ob dieses Kind ein Junge oder ein Mädchen ist und welchen

Namen es hat, bevor sie sich erkundigen, wie eine Landtagswahl ausgefallen ist.

In ähnlicher Weise gehen die Gespräche in der Ehe vor sich. Zunächst staunt man noch darüber, was dem anderen wichtig ist. Später hört man einander gar nicht mehr zu. Und zuletzt spricht keiner mehr. Man ist müde davon, sich dem anderen mitzuteilen oder sich für den anderen zu interessieren.

Mit der Zeit trägt jeder dem anderen sein Anderssein nach. Man rächt sich, weil man glaubt, nicht vollgenommen zu werden. Beleidigt tritt man den Rückzug an, wenn das, was man leistet, nicht geachtet wird. Jeder fühlt sich missverstanden.

Viele Männer sind nicht gegen die Frau, aber oft unfähig, auf sie einzugehen. Sie verstehen nicht, was ihre Frau sagen will, ziehen sich zurück vor den Fernseher, stürzen sich in Hobbys, lassen die Frau mit ihren Gefühlen allein. Viele Frauen verarbeiten ihre Gefühle dadurch, dass sie sich jemandem mitteilen können. Und nichts wünschen sie sich mehr, als dass ihr Mann der Gesprächspartner sein soll. Sie wollen ihn an ihrem inneren Erleben teilhaben lassen.

Häufig fühlt sich der Mann bei dieser Art Gespräch überfordert. In der Regel hat er den Eindruck, dass die Frau Antworten oder Lösungen von ihm erwartet, die er gar nicht geben kann. Manchmal weiß er nicht einmal genau, was sie möchte und ist verunsichert.

Oftmals will die Frau gar keine Antworten. Sie möchte ihren Mann an ihrem Leben, ihren Bedenken, ihren Befürchtungen, ihrer Freude Anteil haben lassen. Sie will nicht unbedingt Antworten, sondern nur sein Gehör, seine ungeteilte Zuwendung. Dabei entwickelt sie das Gefühl der Zusammengehörigkeit und Nähe.

Wahrscheinlich ist dies die tiefe Leere der Frau, die sie in Traurigkeit und Depression stürzt: das Gefühl, für den Mann nicht wirklich wichtig zu sein.

Doch gerade mit dieser Art Traurigkeit kann der Mann oft nicht umgehen. Er meint, nichts falsch gemacht zu haben, geht treu seiner Arbeit nach – und fühlt das Leid der Frau gegen sich gerichtet. Seine Reaktion darauf ist Ablehnung, sodass die Frau noch weniger an Gefühlen bekommt, als das vorher der Fall war. Eine immer größer werdende Distanz macht sich breit, obwohl keiner dem anderen wirklich schaden möchte.

Viele Frauen unserer Zeit gehen durch diese Art Einsamkeit, leiden, fühlen sich abgelehnt, unwert, sind lebensmüde.

Gibt es Wege, um aus dieser Situation herauszukommen? Als nach einem Frauenfrühstück anonym Fragen gestellt werden durften, die man auf Zetteln einsammelte, stand auf einem Blatt: »Warum müssen eigentlich immer wir Frauen etwas tun und die Männer dürfen warten, wie bald etwas geschieht?« Die Antwort ist einfach: Für den Mann besteht keine Notwendigkeit, etwas zu verändern. Ihm genügt es, wenn es »läuft«. Für die Frau ist es aber unmöglich, mit diesen Umständen zu leben. Deshalb ist nur sie es, die Änderung herbeiführen kann.

Sie darf in diesem Punkt dem Mann zur Hilfe werden. Gott gibt sie dem Mann als Gehilfin (1. Mose 2,18). Der Mann darf durch die Frau lernen, dass Beziehung wichtig ist, ja sogar lebensnotwendig für ihre Ehe. Durch sie wird er eingeführt in die Welt des Lebendigen. Wir sehen im Neuen Testament, wie viele Frauen Jesus nachfolgten. Sie spürten, dass bei Jesus Leben war. Sie hatten eine eingebaute Antenne für das Leben.

Beim Mann ist der Ansatz einer Antenne dafür da, aber die Frau ist die, die diese Antenne bei ihm entwickeln kann. Sie ist es, die den Mann fähig macht, es zu erlernen. Und es ist die schwere Kunst, ihn darin einzuführen. Denn er fühlt eigentlich nicht, dass ihm etwas fehlt. Und doch braucht er es, um seiner Frau in der Tiefe begegnen zu können.

Lernen Sie also neu, Ihrem Mann zuzuhören. Fangen Sie an, sich für das zu interessieren, was er Ihnen mitteilt- falls er sich überhaupt mitteilt –, auch wenn Sie vielleicht nicht so viel davon verstehen! Begrüßen Sie ihn freundlich, wenn er nach Hause kommt, auch wenn er nicht unbedingt ebenso freundlich antwortet. Machen Sie sich die Mühe, möglicherweise schweigend neben ihm zu sitzen, während er seine Zeitung liest! Sagen Sie ihm kleine Komplimente! Jeder Mensch lässt sich gerne bewundern. Jeder Mann möchte eigentlich von seiner Frau bewundert werden. Sagen Sie ihm, was er gut macht, auch wenn es »nur« das Alltägliche ist, dass er den Rasen mäht oder mal einkaufen geht, die Rechnungen erledigt oder das Auto pflegt.

Bitten Sie ihn, Ihnen für eine bestimmte Zeitspanne zuzuhören. Informieren Sie ihn vorher, weshalb Sie ihm etwas mitteilen möchten.

Z. B.: Ich möchte dich gerne an etwas Anteil haben lassen. - Oder: Mich beschäftigt da eine Sache, die ich dir gerne sagen möchte.

Dazu könnte die Information kommen: Ich brauche keine Antwort. Oder auch: Wie würdest du dich entscheiden in dieser Sache?

Folgendes ist geschehen. Wie sollen wir reagieren?

Erwarten Sie nicht, dass er sofort gesprächiger wird. Denken Sie auch nicht, dass er in Zukunft alle Gefühle offen darlegt. Mancher Mann muss erst Unsicherheit und Hilflosigkeit abbauen, bevor er sich wirklich öffnen kann.

Aber bleiben Sie dran im Sinne einer Langzeittherapie. Nehmen Sie Ihre Rolle an, Gehilfin zu sein. Letztendlich werden Sie selbst die Beschenkte sein.

Zum Nachdenken:

Wie habe ich meinem Mann meine Gefühle bislang gezeigt? Durch Motzen, Schweigen, Schreien, Traurigkeit, den immer neu missglückten Versuch, ihm zu erklären, was in mir vorgeht?

Welchen neuen Weg könnte ich einschlagen?

Gebet:

Herr, eigentlich bin ich enttäuscht darüber, wie unsere Ehe manchmal aussieht. Ich habe mir so gewünscht, in meinem Mann einen Gesprächspartner zu finden, dem ich meine tiefsten Gefühle mitteilen kann. Und jetzt entdecke ich, je länger, desto mehr, dass das gar nicht möglich ist, dass ihm gar nicht wichtig ist, was mir wichtig ist.

Schenke mir, dass ich mich nicht in Selbstmitleid zurückziehe. Ich will mit deiner Hilfe eine echte Gehilfin für ihn werden, damit sein und mein Leben reich werden kann.

Merke:

Veränderung kann nur dort geschehen, wo jemandem die Notwendigkeit der Änderung bewusst wird.

Stöhnen reicht nicht! Werden Sie aktiv!

Die »Frauenerfahrungen« unserer Männer

»Jeder Mann hat eine Menge Frauenerfahrungen hinter sich, bevor er heiratet«, erkläre ich.

Wenn ich damit einen Vortrag beginne, schauen mich die zuhörenden Frauen fragend und irritiert an.

In der Schöpfungsgeschichte, 1. Mose 2,21, können wir lesen, wie Gott einen tiefen Schlaf auf den Menschen fallen lässt. Dann entnimmt er einen Teil von ihm und schafft daraus die Frau. Bei dieser Verteilung gibt er der Frau eine Art Schlüsselgewalt über das Leben des Mannes. Gott führt den Mann in eine eigenartige Abhängigkeit von der Frau.

Männer werden durch Frauen geprägt:

Der Mann entsteht in einer Frau. Schon vorgeburtlich erlebt er ihre Gefühle. Es folgt die Geburt durch ebendiese Frau. Dann wird er gestillt von dieser Frau, die seine Mutter ist. Den häufigsten Umgang in den ersten Lebensjahren wird er in der Regel mit seiner Mutter haben, nicht mit dem Vater. Es folgen die Kindergartenjahre, in denen der Junge durch die Hände der Kindergärtnerinnen (!) geht - und die ersten Grundschuljahre, die meistens durch die Lehrerin (!) geprägt sind.

Acht Jahre Prägung durch Frauenhände!

Ein Jesuitenpater hat gesagt: »Gib mir ein Kind die ersten sechs Jahre seines Lebens und ich präge es für das restliche Leben.«

Der Junge macht unweigerlich seine Erfahrung: Frauen sind stark. Frauen haben das Sagen. Frauen haben Gewalt über mich.

Dies muss nicht negativ sein. Trotzdem sind diese Erfahrungen für ihn nicht wegzudenken.

Die meisten Frauen aber fühlen sich ihren Männern unterlegen. Oder besser gesagt: Sie suchen und heiraten einen Mann, den sie als überlegen empfinden, um sich an ihn anlehnen zu können - nicht etwa, um von ihm beherrscht zu werden.

Finden sie die Stärke nicht, die sie in ihm gesucht haben, übernehmen sie häufig selbst die Führung. Aber tief drinnen sehnen sie sich danach, von ihrem Mann geführt zu werden.

Der Führungswechsel zu Lasten des Mannes findet oft schleichend statt.

Viele Männer neigen eher dazu, um der Bequemlichkeit willen in vielem nachzugeben oder inaktiv zu werden. Ihnen ist ihre »Ruhe« wichtiger, als sich mit der Frau auseinander zu setzen.

Die Rollenverteilung aber klafft immer weiter auseinander. Durch Übung wird die Frau in der Führung immer besser, fühlt sich aber häufig dabei überfordert und ungeborgen. Im Zusammenleben wirkt sie auf den Mann nörglerisch und unausgeglichen. Greift er dann tatsächlich einmal ein, empfindet sie es häufig als Störung, da er mit der Situation nicht vertraut ist.

Er aber fühlt sich als Randfigur: nicht gefragt, nicht einbezogen, »missbraucht« nur für Momente, in denen evtl. seine körperliche Kraft gefragt ist.

Zwar hat er seine Ruhe, aber innerlich entfernt er sich immer weiter von der Familie.

Viele Frauen haben gelernt zu führen, weil die Männer diese Aufgabe innerhalb der Familie nicht wahrnahmen; häufig hat der Mann nach den ersten Versuchen aufgehört, weil er tief drinnen die Frau als überlegen empfindet.

Der Machtkampf, der oft sehr leise stattfindet, zeigt sich im Unzufriedensein über die Partnerschaft. Einer ist dem anderen gram. Keiner fühlt sich geliebt, angenommen, in seiner Position gestärkt. Es ist ein Kampf der Verlierer. Denn niemand ist glücklich dabei. Die stillen Vorwürfe - oder auch die lauten Ausbrüche der Auseinandersetzungen sind die Hilferufe beider Partner.

Der Mann bricht aus, findet sein Gebrauchtwerden in der Gemeinde, sonstigen Aktivitäten oder Sport. Er flüchtet, um seine Randposition in der Familie zu überspielen.

Die Frau bleibt häufig in der Familie, bei den Kindern, wobei sie die Funktion von Vater und Mutter gleichzeitig übernimmt. Sie fühlt sich allein gelassen, überfordert, mit einem Manko an Zuwendung und Zärtlichkeit. Gelegentlich bricht sie aus, lässt alles hinter sich, obwohl sie dabei gegen ihre eigenen Prinzipien verstößt.

Das Genannte stellt eine von vielen Möglichkeiten dar, wie Ehekrisen entstehen können.

Werden Sie schwach, um in ihm Stärke zu wecken.

Was können Sie als Frau in solch einer Situation unternehmen?
- Werden Sie schwach, um in Ihrem Mann Stärke zu wecken! Jammern allein hilft nicht.
- Sagen Sie ihm ganz konkret, wo Sie ihn brauchen. Muten Sie ihm Entscheidungen zu.
- Und wenn er dann Entscheidungen trifft, unterstützen Sie ihn, wenn irgend möglich.
- Versuchen Sie nicht, es noch besser als er zu machen. Sie haben eine lange Erfahrung hinter sich - er nicht.
- Seien Sie nicht unbedingt Ratgeber, sondern Ermutiger!
- Stärken Sie ihn durch Ihre Unterstützung!
- Freuen Sie sich und zeigen Sie dies auch, wenn ihm etwas gelungen ist - und versuchen Sie dann nicht zu sagen, wie es noch besser gewesen wäre.

Zum Nachdenken:

Welchen Part habe ich in unserer Ehebeziehung übernommen?
Was hat mein Mann übernommen?
Bin ich damit froh?
Ist er zufrieden damit?
An welchen Punkten will ich zu arbeiten beginnen?

Gebet:

Herr, es ist so leicht zu jammern. Aber so unendlich schwer, etwas zu verändern. Bitte, gib mir die Weisheit, aus der Sackgasse unserer Ehe herauszukommen und neue Wege zu finden, die uns in die Weite führen. Du, Jesus, bist der Weg. Zeige mir deinen Weg für uns. Amen.

Merke:

Ratschläge können auch Schläge sein. Die Weisheit einer Frau besteht darin, dass sie ihrem Mann zur positiven Veränderung hilft, ohne dass er merkt, dass sie es war.

Welche Rolle habe ich als Frau eingenommen?

Jeder von uns hat ein bestimmtes Bild von sich selbst. Unsere Rolle unterscheidet sich je nach Situation und Umständen. Menschen, mit denen wir zu tun haben, beeinflussen uns. Ihre Anwesenheit in unserem Leben bleibt nicht ohne Auswirkungen - auch unser Verhalten wird dadurch beeinflusst.

So kann ein Mann, der sich seiner Frau gegenüber sehr dominant aufspielt, möglicherweise beim Gespräch mit seiner Mutter untertänig und still dasitzen. Gehen Sie mit mir auf Entdeckungsreise! Welche Rolle haben Sie dem anderen gegenüber übernommen?

Putzlappen

Vom anderen fühle ich mich gebraucht. Wenn ihm etwas unangenehm ist, soll möglichst ich einspringen. Ich bin Lückenbüßer, wenn etwas nicht klappt. Und geht etwas schief, schiebt man die Schuld meist auf mich.

Folge: Das ohnehin schlechte Selbstbild sinkt weiter. Die Frau gerät in immer größere Hilflosigkeit in ihrer Situation. Und sie versucht, immer mehr zu leisten, um anerkannt zu sein.

Dienerin

Ich merke, dass es ohne mich nicht geht. Ich weiß, dass ich wichtig bin. Aber ich fühle mich nicht anerkannt. Es wird alles als zu selbstverständlich genommen. Ich fühle mich mehr in der Funktion eines Gegenstandes als eines Menschen.

Folge: Traurigkeit und Resignation verbinden sich zu einer Lebensverdrossenheit und dem Gefühl, überflüssig zu sein.

Mutterrolle

Es liegt mir, fürsorglich zu sein. Meine Rolle bereitet mir Freude. Aber ich vermisse, dass ich mich nicht auch einmal hängen lassen kann. Jeder erwartet etwas von mir. Keiner fängt mich auf, wenn es mir schlecht geht.

Folge: Gebrauchtwerden führt mit der Zeit zu immer größerem Druck, zur Überforderung – und auch zu Selbstmitleid.

Emanzipierte Frau

Mein Statement: Jeder hat seinen Teil zu leisten, Mann und Frau in gleicher Weise. Ich achte darauf, dass ich nicht zu kurz komme. Das ist nur gerecht. Und ich bestehe darauf, dass ich auf keinen Fall mehr leisten muss als der andere. Gleichberechtigung für alle!

Folge: Ein scheinbar geglücktes Lebenskonzept. Doch bloßes Einhalten von Regeln führt zwar zu weniger Streitpunkten, aber auch zu Starrheit und Unfreiheit. Verlust von Freundschaften.

Dominante Frau

Hier wird gemacht, was ich will. Es gibt keinen anderen Weg. Wer sich widersetzt, wird abgesetzt. Ich bestimme, was gut für mich und für andere ist. Das ist der Maßstab.

Folge: Eine Frau des Erfolgs und der Ordnung, aber ohne Beziehungsleben. Es entsteht Einsamkeit. Trotz Leistung macht sich Einsamkeit breit.

Welche Rolle haben Sie Ihrem Mann (oder am Arbeitsplatz Ihrem Kollegen) gegenüber eingenommen?

Im 13. Kapitel des Johannesevangeliums lesen wir eine eigenartige Geschichte. Jesus war mit seinen Jüngern eingeladen worden. Doch es kam zu einer »Panne«: Der Sklave, der die Füße waschen sollte, erschien nicht. Nun begann das große Rätselraten. Wer sollte die Sklavenarbeit übernehmen? Niemand von den Jüngern wollte sich mit dieser Rolle identifizieren. Da nimmt Jesus die Schürze und bindet sie sich um. Doch bevor er das tut, lesen wir: »Jesus wusste, ... dass er von Gott gekommen war.«

Das ist es: Jesus wusch die Füße der anderen nicht als Sklave, sondern als Sohn Gottes. Er wurde durch das, was er tat, nicht zum Sklaven, sondern er diente freiwillig in dieser Rolle als Sohn Gottes. Genau das kann auch der Schlüssel für uns werden.

Vor Gott sind wir einmalig und wertvoll. Wir müssen uns dieser Tatsache jedoch täglich bewusst werden. Wer um seinen inneren Wert weiß, braucht nicht um sein Recht zu kämpfen; er kommt nicht zu kurz. Er kann dienen, ohne ausgenutzt zu werden, und sich hingeben, ohne sich überfordern zu lassen.

Ingrid Trobisch sagte einmal zu mir: »Sei die Königin!« Sie wollte damit sagen: Lass dich nicht hinreißen, mit deinen Kindern zu schreien. Sorge dafür, dass geschieht, was du ihnen aufgetragen hast und was wichtig ist.

Als Königin stehe ich über der Sache. Ich habe Autorität und handle in Autorität.

Ich möchte hinzufügen: Sei auch deinem Mann gegenüber Königin und behandle ihn wie einen König.

Je mehr ich weiß, wer ich bin, umso klarer erkenne ich Aufgaben. Und ich werde sie anders erledigen, als wenn mich jemand dazu verpflichtet, bedrängt oder mir Schuldgefühle macht.

Er, der große Gott, will sich um unsere Bedürfnisse und Angelegenheiten kümmern. Wir haben den Stärksten auf unserer Seite, der uns würdigt zu dienen als seine Beauftragten, nicht als seine »Schuhputzer«.

Als Beauftragte brauche ich weder um mein Recht zu kämpfen noch mich in meiner Rolle zu bedauern. Ich darf sie würdevoll ausführen. Ich darf mich abgrenzen. Ich darf mich auch gelegentlich überfordern, wenn ich es für notwendig empfinde. Aber alles ohne das Gefühl, überlegen oder unterlegen sein zu müssen.

Zum Nachdenken:

Will ich in meiner Rolle bleiben? Wer würde ich gerne sein?

Nehmen Sie sich ein Blatt Papier und formulieren Sie Ihre »Wunschrolle«! Fangen Sie an, Ihre Einstellung zu verändern. Drücken Sie es in Ihren Worten und im Umgang mit den anderen aus.

Die anderen werden Zeit brauchen, bis sie Ihr Anderssein begriffen haben. Geben Sie ihnen Zeit! Aber geben Sie nicht auf!

Gebet:

Vater im Himmel, du kennst mich am besten. Du weißt, wie schwer mir manchmal die Rolle fällt, in der ich stecke. Oft merke ich meine Hilflosigkeit, die ständige Überforderung, und habe das Gefühl, gelebt zu werden.

Ich möchte neu ja sagen zu dem Platz, an den du mich gestellt hast. Bitte gib mir die Kraft, die Rolle einzunehmen, die du mir zugedacht hast.

Merke:

Je mehr ich weiß, wer ich vor Gott bin, umso mehr kann ich die Situation bejahen, in der ich lebe. Auch wenn die Umstände schwer sind, weiß ich, dass er mir helfen wird, dort »meinen Platz« einzunehmen – als seine Beauftragte.

Missverständnisse am laufenden Band

»Mit jeder Frau kann ich mich unterhalten und sie weiß, wovon ich spreche. Aber wenn ich mit meinem Mann reden möchte, gibt es Missverständnisse am laufenden Band. Außerdem interessieren ihn selten die Begebenheiten, die mich beschäftigen.«

»Eigentlich wünschte ich mir, dass mein Mann mein tiefster Vertrauter wäre, aber er sucht ständig nach Lösungen, wenn ich mich doch eigentlich nur mitteilen möchte.«

Diese Aussagen gibt es fast in jedem Gespräch, das ich mit verheirateten Frauen führe. Ich habe den Eindruck, dass die Gaben, die Gott uns mit unserer Unterschiedlichkeit in der Ehe gab, zu den Auseinandersetzungen führen, die wir im täglichen Leben schmerzlich wahrnehmen.

Vielleicht hat über die Jahrhunderte hinweg das negative Frauenbild, das sich aus Angst vor der Frau bildete, zu einer Sprachlosigkeit und Beziehungsangst des Mannes geführt.

Die Gabe vieler Frauen, intuitiv Vorgänge zu erfassen, gibt ihnen häufig einen Vorsprung gegenüber der durchstrukturierten Denkweise des Mannes. Während er noch denkt, weiß sie häufig schon Bescheid. Mit dieser Gabe überfordert die Frau oft genug den Mann, weil sie von ihm Antworten zu einem Zeitpunkt erwartet, an dem sein Denkvorgang noch nicht abgeschlossen ist. Oft trifft die Frau dann schon Entscheidungen, die der Mann später als richtig erkennt. So rückt er in der Ehe mehr und mehr in die Defensive. Er lässt sie entscheiden, zieht sich aber mehr und mehr aus ihren Denkvorgängen, die er nicht durchschauen kann, zurück, fühlt sich darin nicht gebraucht, wenn nicht sogar überflüssig. Tief drinnen sehnt sich aber gerade die nach außen hin stark wirkende Frau nach der Führung des Mannes. Im Stillen macht sie es ihm zum Vorwurf, dass sie Entscheidungen allein treffen muss, sucht eigentlich den Starken, an den sie sich anlehnen kann.

Wagt sie es schließlich, ihm die Rolle zu übergeben, fühlt er sich häufig überfordert; trifft er, nach ihrem Urteil, dann noch eine Fehlentscheidung, reagiert sie sauer. Er aber gibt resigniert seine Rolle wieder an sie zurück und empfindet seine Leistung als ungenügend.

Eine andere Möglichkeit ist, dass es zum Machtkampf kommt, bei dem jeder seine Trümpfe einsetzt, um zu beweisen, dass er besser ist. Häufig geschieht dies bei Minderwertigkeitsgefühlen beider Partner.

Wie kommen wir heraus aus diesem Kreislauf? Vielleicht hilft es, über den Schöpfungsvorgang der Frau nachzudenken (nachzulesen in 1. Mose 1 und 2). Gott hatte den Menschen geschaffen, männlich und weiblich, ihm zum Bilde. Weil Gott das Alleinsein nicht als gut ansah, gab er ihm ein Gegenüber.

Gott schuf nicht von Neuem aus Erde einen Menschen, sondern »teilte« ihn. Auf ganz souveräne Weise ging er dabei vor. Er versetzte den geschaffenen Menschen in einen Tiefschlaf. Und weil er ein Wesen bilden wollte, das dem Ersten zur Hilfe würde, nahm er wesentliche Teile heraus.

Bei jedem Paar ist diese Aufteilung etwas anders.

Das Ziel ist die Ergänzung.

Wir leben in einer Zeit des Umbruchs, in der Mann und Frau ihre Rolle neu definieren müssen. Dies bringt Unsicherheit mit sich:

- Angst, den anderen zu überfordern;
- Angst, zurückgewiesen zu werden;
- abwartende Haltung oder
- aggressive Inanspruchnahme seiner vermeintlichen »Rechte«, um nicht zu kurz zu kommen.

Je nach Paar.

Eines ist Mann und Frau jedoch gemeinsam: die Sehnsucht, angenommen zu werden.

Es genügt nicht abzuwarten, bis sich in unserer Ehe etwas von selbst ändert. Werden wir doch aktiv! Helfen wir als Frauen unseren Männern in ihre gottgewollte Rolle hinein! Für viele Frauen ist die Beziehungsarmut ihres Mannes besonders schmerzlich, fremd und blockiert sie. Aber je mehr wir Beziehung pflegen in den Punkten, die für unseren Mann möglich sind, umso mehr können wir in anderen Bereichen Beziehung wecken.

Zum Nachdenken:

In welchen Bereichen ist mein Mann offen für Beziehung? Wie kann ich diesen Punkt in unserer Partnerschaft fördern? Wie kann ich meinem Mann das Gefühl geben, dass er für mich wichtig ist und ich ihn annehme? Wie sollte ich meinen Mann fördern (nicht fordern!), die Rolle als ›Schutz‹ einzunehmen, bei dem ich mich bergen kann?

Gebet:

Herr, ich spüre sehr gut, wenn ich mich zu kurz gekommen fühle, wenn ich meine, nicht ernst genommen zu werden. Mein Ehepartner kennt sicher auch solche Momente. Ich weiß wenig über das, was in seinem Inneren vorgeht. Gib mir bitte einen Blick dafür, damit er an seinen Schwachpunkten nicht immer neu von mir verletzt wird. Gib mir Worte der Weisheit und der Heilung. Schenk mir die Sensibilität, warten zu können - und den Mut zu reden. Hilf mir, meinem Mann in die von dir gewollte Rolle als Mann hineinzuhelfen als seine Gehilfin.

Merke:

Nur Gott weiß, wie wir es wirklich meinen. Bei ihm dürfen wir in die Schule gehen und um Rat fragen, wenn wir nicht weiterwissen.

Zeichen setzen …

»Ich wünschte mir, er würde sehen, wenn ich die Wohnung geputzt habe«, seufzt sie, »das ist doch das Mindeste.«

»Mich lobt doch auch keiner dafür, dass ich den ganzen Tag im Büro arbeite! Sie könnte mir als Zeichen der Wertschätzung wenigstens eine Tasse Kaffee an meinen Platz stellen, wenn ich nach Hause komme!«

Tief drinnen sehnen wir uns alle danach, dass unser Partner sieht, was wir leisten, dass er uns schätzt und uns das auch wissen lässt.

Aber je länger wir einander kennen und verheiratet sind, äußern wir uns nur noch dann, wenn uns etwas nicht passt. Selbstverständliches wird nicht mehr erwähnt. Das Gute wird zum Selbstverständlichen.

»Warum sollte ich sagen, dass es mir schmeckt? Das sieht sie doch. Ich werde schon reklamieren, wenn es nicht so ist«, lässt mich ein Ehemann wissen. »So lange ich nicht meckere, ist alles in Ordnung!«

Die Psychologie sagt uns, dass eine Negativaussage erst von fünf positiven Aussagen wieder ausgeglichen wird. Das ist eine Erklärung dafür, warum in der Verliebtheitsphase oder Verlobungszeit vieles gut geht. Obwohl man um manche Eigenarten weiß, kommt man meist gut miteinander aus.

Je länger wir aber einander kennen, umso mehr holt uns der Alltag ein. Wir sagen einander die Dinge, die uns stören, und vergessen, was in Ordnung ist, zu erwähnen. Wir ärgern uns am Unerledigten und sagen keinen Dank für das Erledigte.

Die Folge davon sind Gefühle des Unwohlseins, der Eindruck nicht zu genügen. Wir spüren vom anderen statt Dankbarkeit für Geleistetes Undankbarkeit für Übriggebliebenes.

Wir fühlen uns geschulmeistert, wenn unser Partner statt

Bewunderung über unsere Geduld zu zeigen uns darauf hinweist, dass er besser mit den Kindern zurechtkomme, da er nicht so inkonsequent sei.

Wir haben den Eindruck, nicht ernstgenommen zu werden, wenn er die Jacke statt auf den Bügel zu hängen immer in dieselbe Ecke wirft.

Das alles sind Signale, die von dem Bedürfnis ausgehen, geliebt, anerkannt, als einmalig empfunden zu werden.

Ein vorhandenes Negativgefühl wird noch dadurch verschlimmert, dass man den Ehepartner mit dessen Vater oder Mutter vergleicht. Ein solcher Vergleich wird üblicherweise nur bei negativen Aspekten gewählt - nicht aber bei positiven. Zusätzlich kommen neue Vergleichsmöglichkeiten dazu, die Wünsche aufs Tablett bringen, wie: »Wenn du doch wärst wie jener Nachbar, der so liebevoll mit Frau und Kindern umgeht ...«

Ich las von einer Ehefrau, die sich bitter über ihren Mann beschwerte. Dieser bedachte sie mit viel Gleichgültigkeit und ließ ihr kein Wort der Wertschätzung zukommen, berichtete sie. »Ihnen scheint überhaupt nichts mehr an ihm zu liegen«, kam der Berater zum Schluss. »So ist es«, sagte die Frau erleichtert, im Gefühl verstanden worden zu sein. »Geben Sie Ihrem Mann noch drei Monate Zeit«, riet ihr der Ratgeber. »Danach können Sie sich von ihm trennen. In dieser Zeit tun Sie einfach so, als wäre er der Mann Ihres Herzens, als würden Sie ihn wirklich lieben. Werden Sie einfallsreich und ignorieren Sie seine Launen.« »Es wird sicher nicht einfach werden«, bemerkte die Frau. »Aber drei Monate sind überschaubar. Ich werde es versuchen.«

Die Frau tauchte nie wieder bei diesem Berater auf.

Es war Jahre später, als der Berater zufällig einem Kind begegnete, das den Namen der Frau von damals trug. Die Frau war ihm nicht aus dem Sinn gegangen. Da er nie zuvor etwas Ähnliches geraten hatte, interessierte er sich natürlich für den Ausgang dieser Sache.

Er fand heraus, dass dieses Kind jener Frau gehörte. »Lieben sich deine Eltern?«, fragte er das Kind unvermittelt. »Aber klar doch«, antwortete das Kind froh. »Das weiß jeder im ganzen Dorf.« Der Berater machte sich auf den Weg und besuchte die Frau. Es fand sich eine Gelegenheit, mit ihr allein zu sprechen. »Bis heute habe ich Ihren Rat befolgt«, bedankte sich die Frau bei ihm. »Alles hat sich zum Guten gewendet. Immer noch gehe ich mit meinem Mann um, als würde ich ihn lieben. Aber ...« Sie machte eine lange Pause und dachte angestrengt nach. Der Berater sah, wie sich auf ihrer Stirn ernste Falten bildeten. »Ich liebe ihn ja wirklich!«

Sie brach in ein befreiendes Lachen aus. »Bis heute dachte ich immer noch, ich würde das nur spielen. Aber mein Mann hat sich so sehr verändert, dass er jetzt wirklich der Mann meines Herzens geworden ist!«

Der Berater machte sich auf den Nachhauseweg. Nachdenklich war er geworden. Er nahm sich vor, bei seiner eigenen Frau auch einmal dieses Rezept auszuprobieren.

Im Lauf der Jahre ist der Alltagston in der Ehe leider meist nicht mehr herzlich. Einer unterstellt dem anderen selten das Gute. Man kennt sich zu gut. Komplimente fallen selten. Die Wahrnehmung ist getrübt. Die Verletzungen sind zu groß, als dass man sich noch Wertschätzung zeigen könnte. Vielleicht würde ein Entgegenkommen den anderen nur ermutigen, noch mehr zu fordern oder zu falschen Erkenntnissen zu kommen!

Lob zeigte als Folge vielleicht Überheblichkeit?

»Sie haben eine wunderschöne Frau«, wandte ich mich dem

Mann zu. » Wissen Sie das?« »Natürlich«, äußerte er stolz. »Wann haben Sie ihr es zum letzten Mal gesagt?«, bohrte ich weiter. »So etwas sagt man seiner Frau nicht. Sie könnte auf den Gedanken kommen, dass sie vielleicht bei einem anderen Mann auch noch Chancen haben könnte!«, klärte er mich im Brustton der Überzeugung auf.

Welche Fehleinstellung! Wer nur noch Komplimente von anderen bekommt, ist viel leichter in Gefahr auf sie zu hören und falsche Wege zu gehen, weil die eigene Seele so ausgehungert ist, Gutes zu hören.

Wir müssen neu auf das Gute achten, das täglich geschieht – und es ausdrücken lernen. Wer nur mit einer Negativbrille herumläuft, tappt ständig in die Falle, nur Fehler zu orten.

Gutes muss auch ausgedrückt werden, um beim anderen anzukommen.

Gott sieht uns durch Jesus Christus mit der Brille der Barmherzigkeit und der Freundlichkeit. Er versucht nicht, uns zu verändern, um uns dann lieben zu können. Nein, er holt uns dort ab, wo wir stehen, mit aller Unzulänglichkeit, allen Fehlern, allen Eigenarten. Und er lässt uns wissen, dass seine Liebe für unsere Lieblosigkeit ausreicht (Römer 5,8).

So vollkommen, wie Jesus uns liebt, werden wir es nicht schaffen, einen Menschen anzunehmen. Aber wir dürfen Gott um Kraft bitten, im Anderen das »Bild Gottes« zu erkennen und ihn so annehmen zu können.

Dieser Andere kann auch ein schwieriger Nachbar, eine dominante Schwiegermutter, ein aufbrausender Chef sein.

Lieben meint in diesem Fall nicht, dass man Böses gutheißt, sondern dass man dem jeweiligen Menschen trotz seines Soseins ein Ja zuspricht, dass man mit Gottes Hilfe etwas an ihm findet, das positiv ist – und es dann auch ausspricht.

Probieren Sie dieses Rezept aus, nicht nur einmal!

Zum Nachdenken:

Welche Gedanken kommen mir über die Menschen, die mir am nächsten stehen? Welche Zeichen könnte ich setzen, um ihnen das Gefühl zu geben, dass sie wertvoll sind?

Gebet:

Herr Jesus Christus, du weißt, wie ich mich danach sehne, angenommen zu sein von den Menschen, mit denen ich zusammenlebe. Ich würde so gerne ein bisschen Anerkennung und Lob bekommen. Aber oft erfahre ich gerade dort Kritik. So oft habe ich das Gefühl, nicht zu genügen. Du kennst meinen inneren Schmerz.

Doch mit deiner Hilfe will ich mich auf den Weg machen. Auch wenn es der andere nicht verdient, will ich beginnen, ihm mit Wertschätzung zu begegnen. Bitte schütze du mich, dass ich mich dabei nicht unterlegen fühle, sondern frei bin, das Richtige zu tun.

Danke, dass du mitgehst.

Merke:

Je unglücklicher ein Mensch ist, umso mehr Unheil stiftet er.

Je mehr sich ein Mensch angenommen fühlt, umso weniger muss er für sich selbst kämpfen und kann gelassener reagieren.

Wer Lob ausspricht, tut anderen - und sich selbst - etwas Gutes.

Vom Umgang mit Kritik

Mein Mann und ich sind im Gespräch mit einem Ehepaar.

Während die Frau spricht, fällt der Mann schon nach kurzer Zeit in einen Zustand innerer Abwesenheit. Redet danach der Mann, spricht die Frau mit ihrer Körpersprache, ihren Augen und Händen, so laut dazu, dass man deutlich ihre Zustimmung oder Ablehnung zu dem Gesagten erfahren kann.

Je enger wir zusammenleben, umso mehr unterschiedliche Abwehrmechanismen entwickeln wir. Die einen hören einfach nicht mehr hin. Sie meinen, schon zu wissen, was jetzt kommt.

Die anderen reagieren heftig auf das Gesagte, weil sie vieles anders sehen und entgegengesetzt beurteilen.

Weder die Verweigerung durch Weghören noch die Aggressivität beim Zuhören helfen uns, einander besser zu verstehen.

Wir dürfen vielmehr lernen, den anderen als selbstständiges, von Gott als Original erschaffenes Wesen neu zu entdecken. Dies ist nur dann möglich, wenn wir uns seiner Andersartigkeit stellen und versuchen, diese kennen zu lernen. Dazu sind einige Schritte erforderlich:

1. Das genaue Hinhören

Ich versuche nicht, die Spitzen herauszuhören, die ich schon allzu gut kenne. Und es ist nicht mein Ziel herauszufinden, ob der andere mich verletzen will. Auch wenn es mir schwer fällt, bemühe ich mich darum, genau zuzuhören und den anderen ernst zu nehmen.

Ich höre zu, obwohl ich meine, schon zu wissen, was kommt.

Es geht mir darum, ehrlich erfahren zu wollen, warum der andere so denkt, wie er denkt.

2. Mein Ja zur Kritik des Anderen

Ich bemühe mich darum, in der Kritik des Anderen seine persönliche Not herauszuhören, die er mit mir hat.

Der Mann kommt nach Hause und äußert: »Hier sieht es mal wieder furchtbar aus.«

Ich empfinde seine Klage gegen mich gerichtet und lasse sie stehen, ohne sie abzuschwächen. Vielleicht ist es für ihn hilfreich, wenn ich antworte: »Ja, du hast Recht.«

Mit seinen Ohren, seinen Maßstäben und seinem familiären Hintergrund höre ich seine Schwierigkeiten mit mir. Unter diesem Blickwinkel ist seine Kritik meist gut zu verstehen. Ich bejahe also sein Lamento, indem ich seine Kritik zunächst als berechtigt ansehe.

3. Die Aufforderung, konkret zu werden

Zur Bejahung seiner Kritik setze ich nun noch einen Punkt darauf: »Ich bin nicht nur unordentlich, sondern ich habe es auch nicht geschafft, rechtzeitig das Essen zu kochen.

Du kennst mich doch gut genug. Sicher weißt du noch viel mehr, wo ich unfähig bin.«

Hören Sie zu, was ihm dazu noch einfällt, und lassen Sie es so stehen!

4. Meine eigene Sicht

Jetzt ist es an der Zeit, meine eigene Situation darzustellen:

»Ich weiß, dass du Ordnung liebst. Und ich versuche, darauf zu achten. Aber oft gelingt mir das mit unseren kleinen Kindern nicht. Das macht mir selbst zu schaffen. Wenn du mir sagst, was dir beim Gefühl von Ordnung besonders wichtig ist (z. B. ein leerer Küchentisch oder ein sauberes Waschbecken oder ein übersichtlich sortierter Kühlschrank etc.), kann ich auf diesen Punkt mehr achten.«

Viele Gespräche scheitern daran, dass der, der sich über eine Situation aufregt, oft nicht alles aussprechen kann oder ihm einfach nicht zugehört wird.

Der Mensch aber, der sich in seinem Unwohlsein über eine Situation angenommen und ernst genommen fühlt, ist meist bereit, dann auch die Sichtweise des Anderen anzuhören.

Damit ist noch nicht immer eine Lösung gefunden. Aber jeder von beiden akzeptiert, dass der andere mit der jeweiligen Situation andere Gefühle verbindet als man selbst. Auf diese Weise können Menschen sich viel besser kennen lernen, ohne sofort reflexartig den eigenen Standpunkt verteidigen zu müssen.

Zum Nachdenken:

Menschen, die andere beschuldigen, sind oft selbst sehr fehlerhaft und schwach. Oft sehen sie die Fehler des Ehepartners dann besonders deutlich, wenn es ihnen nicht gut geht und sie selbst unter Spannung stehen.

Gebet:

Herr, ich fühle mich so oft überfordert mit den Vorwürfen des anderen. Es tut so weh, wenn meine Fehler aufgelistet werden. Gib mir Mut, zu meinen Fehlern zu stehen, und die Kraft, an ihnen zu arbeiten, ohne dem Anderen seine Fehler ebenso vorhalten zu müssen.

Merke:

Wer Fehler zugeben kann, ist nie der Schwache.

Wer schreit, ist unglücklich. Wer sich zurückzieht, auch.

Das größte Gefängnis ist unsere eigene Seele

»Seit Jahren habe ich diese schlimmen Kopfschmerzen«, klagt eine Frau am Telefon. »Sie können es sich nicht vorstellen, Frau Heil. Es ist furchtbar. Ich schlafe damit ein und wache damit auf.« »Woran denken Sie gewöhnlich, wenn Sie einschlafen?«, frage ich die Frau. »Es ist eigentlich immer dasselbe. Da ist diese alte Geschichte vor mehr als dreißig Jahren. Ein Onkel von mir fügte mir in jener Zeit ungeheuren Schmerz zu. Seitdem trauere ich.« Vorsichtig begleite ich die Frau in jene Jahre hinein. Der Schmerz kommt mit Macht aus ihrer Seele.

»Wie Sie wissen, bin ich eine regelmäßige Gottesdienstbesucherin«, fügt sie unter Schluchzen hinzu. »Aber seit dieser Zeit kann ich nicht mehr richtig das ›Vaterunser‹ beten. Ich lasse immer einen Teil aus. Wenn es heißt: ›Vergib uns unsere Schuld‹, bete ich noch mit. Aber« – ihre Stimme wird versteinert hart – »›wie auch wir vergeben unseren Schuldigern‹, das lasse ich aus. Nie und nimmer will ich, dass dieser Onkel ungestraft ausgeht für den Schmerz, den er mir zugefügt hat!«

Ich versuche, ihr zu erklären, dass Jesus uns zu nichts auffordert, was uns schaden könnte. Wenn Jesus uns das »Vaterunser« lehrte, dann tat er es, um uns die Richtung zu weisen: Wer anfängt zu vergeben, wird selbst frei. »Geben Sie den Onkel in Gottes Hand«, bitte ich sie. »Er besetzt Ihr Denken. Es ist schlimm genug, was er Ihnen damals angetan hat. Aber bis heute geht seine böse Tat weiter. Wenn Sie nicht vergeben, tun Sie sich selbst viel Schwereres an als diesem Onkel, der sicher auf seine böse Tat viel anderes an Bösem gehäuft hat.«

Manchmal haben wir Angst, dass, wenn wir anderen vergeben, diesen Menschen keine gerechte Strafe von Gott zukäme. Dass ihnen nicht heimgezahlt würde, was sie gerechterweise verdient hätten. Wir halten unseren Ärger, unsere Verletzung, unsere Enttäuschung fest. Doch dabei erleiden wir selbst ungeheuren Schaden. Denn diese Menschen, die wir innerlich gefangen halten, beschäftigen uns ständig, wir geben ihnen ja Wohnrecht. Schließlich sitzen wir selbst im Gefängnis unserer Gedanken, unfähig zur Freude, voll von Bitterkeit und Verzweiflung.

Überlassen wir es doch Gott, wie er damit umgeht! Verlieren wir unsere Angst davor, Gott könnte nicht gerecht sein! Wir alle müssen einmal vor Gottes Thron erscheinen, auch unsere Peiniger. Und Bücher werden aufgetan. Trauen wir Gott zu, dass er gerecht ist!

Über dreißig Jahre hatte diese Frau dem Onkel Wohnrecht in ihrem Lebenshaus gegeben. Sie beschäftigte sich mit ihm - und er beschäftigte sie.

Gedanken werden zu Mächten, wenn wir ihnen Raum geben. Alte Ungerechtigkeiten, Worte aus der Kindheit, Prägungen durch Eltern können sich wie Flüche auswirken. Doch Jesus sagt: »Segnet eure Feinde!« Vielleicht sagen Sie: »Nein, niemals werde ich es zulassen, dass ich denen auch noch Segen zuspreche, die mir Schaden zugefügt haben!«

Das ist allein Ihre Sache. Und doch fügen Sie sich selbst den allergrößten Schaden zu, wenn Sie nicht loslassen und nicht vergeben.

Fangen Sie an, Gott mehr Vertrauen zu schenken als den Stimmen in Ihnen, die nach Vergeltung schreien.

Manchmal schafft man es nicht, allein herauszukommen. Jesus gibt seinen Jüngern in Matthäus 18 den wunderbaren Auftrag, Menschen in seinem Namen zu lösen. Wenn Sie merken, dass Sie aus der Spirale der Gedanken nicht allein herauskommen, dann vertrauen Sie sich einem seelsorgerlichen Menschen an. Sprechen Sie sich aus und beten Sie zusammen.

In der Woche nach dem Telefongespräch bekam ich mit der Post einen dicken Brief von jener Frau. Auf der Außenseite hatte sie die Überschrift aus einer Zeitschrift aufgeklebt »Neue Heilerfolge in der Medizin«. Im Brief berichtete sie, wie die Kopfschmerzen zurückgegangen waren, seit sie diesen Onkel »aus ihrem Gefängnis entlassen hatte«.

Zum Nachdenken:

Bei welchem Menschen stößt es mir bitter auf, wenn ich an ihn denke oder ihm begegne?

Welche alte »Geschichte« macht mir immer noch Magenschmerzen?

Wem trage ich etwas nach?

Habe ich Angst davor, Gott könnte nicht gerecht sein?

Gebet:

Vater im Himmel, du weißt, dass ich vergeben möchte. Aber da ist so viel Verletzung in mir, die mich hindern will. Ich meine, ein Recht darauf zu haben, so bitter zu sein. Aber ich will mir ein Herz nehmen und auf dich vertrauen, dass du gerecht bist. Deshalb gebe ich meine Angelegenheit in deine Hand. Ich möchte nicht länger von Bitterkeit besessen sein, sondern du sollst in mir wohnen. Im Vertrauen auf dich bete ich: Vergib mir meine Schuld, wie auch ich vergebe denen, die an mir schuldig geworden sind.

Merke:

Wer nachtragend ist, ist ständig damit beschäftigt, Lasten zu tragen, die andere ihm aufgelegt haben!

Das Älterwerden nicht verdrängen

Lesen Sie ruhig weiter ..., auch wenn Sie sich noch jung fühlen.

Viele Hilfsmittel unserer Zeit verschleiern uns das Älterwerden.

Die ersten grauen Haare tönt man sich in der jeweiligen Farbe nach, die abnehmende Sehkraft wird mit einer modernen Brille behoben, das geschwächte Hörvermögen regelt ein unauffälliges Hörgerät, die Bindegewebsschwäche überdeckt ein Korsett, die Falten werden durch entsprechendes Make-up kaschiert und die überflüssigen Pfunde durch schicke Kleidung verdeckt.

Jugendliches Outfit kann zum Selbstbetrug führen: »Eigentlich bin ich gar nicht alt.«

Zugegeben, wer sich ständig das Alter vor Augen malt und nur voller Angst auf das Altwerden starrt, altert auch schneller. In gewisser Weise ist man wirklich so alt, wie man sich fühlt.

Es ist positiv zu bewerten, wenn wir das, was uns als Mensch gegeben ist, voll ausnutzen, um uns an unserem Sein zu freuen, mit allen Hilfsmitteln, die zur Verfügung stehen.

Es wird nur dann gefährlich, wenn wir uns selbst die Chance nehmen, Bilanz zu ziehen, und uns unserem Alter nicht stellen.

Zum Nachdenken:

1. Neue Schwerpunkte setzen

Stellen Sie sich der Tatsache, dass ein großer Teil Ihres Lebens hinter Ihnen liegt, egal wie alt Sie sind. Ich hörte vor einiger Zeit, dass mit 10 Lebensjahren der größte Teil unseres Lebens vorbei sei. Ein interessanter Gedanke, wenn man sich vor Augen hält, dass sich in der Zeit danach das Gefühl für Tage, Wochen, Jahre ständig weiter verkürzt.

Welche Schwerpunkte will ich für die jetzige Phase meines Lebens setzen?

Was ist wirklich wichtig?

2. Die neuen Grenzen annehmen

Wer sich mit seinen Veränderungen nicht annehmen kann, wird ständig etwas zu jammern finden und seine Kraft für falsche Ziele investieren.

Wenn ich weiß, dass meine Kraft kleiner ist, brauche ich nicht ständig zu jammern. Es ist dann eben so gegeben, dass ich mit weniger leben muss. Das Jammern hilft nicht. Was ich ändern kann, sollte ich in Angriff nehmen - und den Rest hinnehmen. Jetzt kommt es auch darauf an, dass mir bewusst wird, dass das Aussehen nicht das Wichtigste ist. Das Innere muss mehr gepflegt werden. Dankbar werden hilft gegen das Altern. Der Dankbare findet immer Grund dazu.

Dinge hinnehmen, die ich nicht ändern kann, ist angesagt.

Worüber jammere ich häufig?

Wie kann ich in Zukunft damit umgehen?

Was kann ich ändern? Was muss ich hinnehmen?

3. Erinnerungen nicht verdrängen

Wenn alte Erinnerungen hochkommen, sollte man sie nicht verdrängen! Wo sind Möglichkeiten vorhanden, alte Zwistigkeiten in Ordnung zu bringen?

Wem trage ich etwas nach?

Mit wem lebe ich in Unfrieden und wie könnte eine Lösung aussehen?

Bei wem habe ich alte Schulden zu begleichen?

Worüber sollte ich Buße tun?

Alte Schuld bekennen ist ein Weg, neue Freude zu empfangen. Luther sagte wohl deshalb: »Buße ist ein fröhliches Geschäft.«

4. Das Heute nutzen: Welcher Mensch wartet auf mich?

Lebt die eigene Mutter noch und bittet um Zuwendung, die vielleicht sogar manchmal lästig und fordernd ist? Jetzt ist es an der Zeit, über die nachzudenken, die uns brauchen, auch andere alte oder kranke Menschen in der Verwandtschaft oder Nachbarschaft.

Ich meine nicht, sich Schuldgefühle machen zu lassen, sondern freiwillig Liebe auszustreuen. Wie viele Menschen haben mir schon gesagt, wie sehr sie es heute bereuen, sich nicht mehr um die Eltern gekümmert zu haben.

Es gibt ein Zuspät.

5. Sich bewusst und neu unter die Führung Gottes begeben

Auch der Glaube altert. Mancher Glaube ist überaltert. Es geht mal wieder um einen gründlichen »Hausputz«.

In welchen Punkten ist mein Glaube zu sehr zur Gewohnheit geworden und erstarrt?

Wie sieht meine Gebetszeit aus? Sollte ich da eine neue Form hineinbringen, um wirklich zu beten und nicht nur eine Tradition zu pflegen?

Wie ist mein Gottesbild? Sehe ich in Gott den liebenden Vater oder immer noch seinen drohenden Zeigefinger auf mich gerichtet?

Lebe ich in der frohen Gemeinschaft mit Gott an jedem Tag neu?

Manchmal hilft ein neuer Bibellesezettel, eine andere Bibelübersetzung oder auch ein anderer Kommentar, damit wir wieder ein Bewusstsein für Gottes Wort bekommen. Eine Bibelfreizeit statt eines bloßen Urlaubs kann auch beim »Fensterputzen« für die Wirklichkeit Gottes helfen.

6. Getrost in die Zukunft schauen

Gott kennt mein weiteres Leben. Jede Stunde, jeden Tag, jedes Jahr meiner Lebenszeit. Er hält mich in seinen Händen mit diesem kleinen Leben. Jeder weitere Tag führt mich nicht nur zum Ende meines Lebens, sondern zu der Begegnung mit ihm, für den ich lebe und den ich liebe.

Mein Leben mit ihm hat seinen Anfang genommen, als ich ihn bat, mein Herr zu sein. Und dieses Leben wird nicht enden mit meinem letzten Atemhauch, sondern erst richtig anfangen, wenn ich ihn von Angesicht zu Angesicht sehe.

Ich habe allen Grund, gelassen in die Zukunft zu schauen.

Sicher werde ich nicht vor mancher Krankheit, vielleicht auch nicht vor manchem Schmerz bewahrt, aber Jesus Christus hat mir zugesagt, alle Tage bei mir zu sein.

Gebet:

Vater im Himmel, du weißt, welche Lebenszeit mir gegeben ist. Ich selbst weiß nicht, wie viel ich noch vor mir habe. Gib, dass ich während der Zeit, die du mir schenkst, in deiner Gegenwart lebe. Dann ist dies alles erst der Anfang von einem Leben mit dir, das nie aufhören wird.

Meine Zeit steht in deinen Händen. Und auch ich bin in deiner Hand.

Merke:

Wer mit Gott lebt, weiß:

Er war da, auch mitten in allem Schweren. Er ist heute da – und er wird morgen da sein, in allem, was mir geschehen wird.

Sexualität - Lust und Last

»Wenn's im Bett stimmt, stimmt's auch sonst«, pflegten die Alten zu sagen. Wir Jungen wussten natürlich alles besser. So einfach konnte man Sexualität wohl nicht festlegen, das schien doch zu primitiv!

Trotzdem ruht darin ein Geheimnis. Frauen haben gemerkt, dass ihr Ehepartner umgänglicher wird, wenn das Sexualleben nicht vernachlässigt wird.

Manchmal begnügen sie sich dabei mit der Rolle der passiven Frau, die es geschehen lässt, weil er »etwas braucht«. Andere Frauen benutzen Sexualität, um ihre sonstigen Wünsche leichter erfüllt zu bekommen, angefangen von einer neuen Küche, bis hin zu dem ersehnten Urlaub.

Die Kommode mit unterschiedlicher Schubladenverteilung

Aber es gibt noch eine andere Gruppe Frauen:

Sie spüren, dass da ein Geheimnis ist, den Ehemann in seinem Anderssein anzunehmen und dabei selbst reich zu werden.

Volker Gscheidle spricht von einer Kommode, die Gott Mann und Frau anvertraut. Die Kommode des Mannes besteht aus vielen einzelnen Schubladen. Der Mann lebt »schubladenorientiert«. Je nachdem, welche Schublade gerade »dran« ist, übt er seine Funktion als Familienvater, Manager in der Firma, Chormitglied, Zeitungsleser, Liebhaber seiner Frau o. ä. aus. Meistens trennt er diese Bereiche deutlich voneinander.

Die Frau besitzt nur eine einzige Schublade. In dieser versucht sie ohne Unterlass, Ordnung zu schaffen, weil sich alle Bereiche überschneiden: Ärger mit den Kindern, Neuigkeiten von den Nachbarn, Schwierigkeiten in der Gemeinde, Krankheit bei den eigenen Eltern, Unausgeglichenheit des Ehepartners ...

Während der Mann nun vielleicht ins Schlafzimmer kommt und dabei eine spezielle Schublade öffnet, nach der er sich jetzt besonders sehnt, ist die Frau immer noch am Sortieren ihrer Tageseindrücke und würde zuerst jemanden brauchen, der ihr dabei hilft, der mit ihr spricht, ja besser noch, der einfach zuhört.

»Wie gehen Sie mit Ihrer Frau um, wenn Sie mit ihr schlafen wollen?«, fragte ich einen Mann. »Ich bitte sie grundsätzlich nicht darum«, antwortete er mir. »Ich warte immer, bis sie selbst kommt; denn einen Korb könnte ich nicht ertragen.«

Der Mann fühlt sich oft hilflos

Aus vielen Ehegesprächen weiß ich, wie ausgeliefert und hilflos sich der Mann der Frau gegenüber oft fühlt. Häufig plagt ihn das Gefühl, ein Versager zu sein, abhängig von ihrem »Ja«, ihr nahe zu kommen. »Mein Selbstwertgefühl als Mann leidet dadurch enorm. Ich denke einfach, ich sei nicht gut. Sonst würde mich doch meine Frau auch begehren. Das macht mich verführbar für andere Frauen«, lässt mich ein Mann wissen.

Gerade der drängende Mann wird von der Frau meistens abgelehnt. Sie fühlt sich durch ihn überfordert, missbraucht, seinem Trieb ausgeliefert, als Objekt seiner Begierde und nicht als seine Geliebte. Je mehr es ihn zu ihr treibt, umso stärker kann ihre innere Abwehr sein. Wenn sie den Drang in ihm spürt, schnürt es der Liebe den Hals zu. Er aber fühlt sich umso mehr als Bettler, je stärker es ihn zu ihr hinzieht.

Heilige und Hure?

Der Mann sucht in der Frau in der Tat die beiden H. Das eine H steht für »Heilige«. Er will eine Frau, die ihm allein gehört, die er nicht mit anderen teilen muss, eine Frau, die möglichst nur dann Sexualität fühlt, wenn sie mit ihm zusammen ist.

Aber er sucht in ihr auch das H für »Hure«: die Frau, die ihn gut findet, die ihn haben möchte, die ihn versucht und verführt. Er möchte auch in seiner Sexualität begehrt werden.

Leider führen uns die Medien den romantischen Liebhaber vor Augen, der ständig die Frau umwirbt, und andererseits die allezeit bereite Frau, die nur darauf wartet, bis der Mann sie mit seiner Sexualität erobert.

Diese Muster wecken Bedürfnisse, die der Wirklichkeit nicht standhalten. So kommt es zu falschen Erwartungen und immer neuen Enttäuschungen.

Gott ist der Erfinder der Ehe, er ist auch der Erfinder unserer unterschiedlichen Bedürfnisse. Deshalb dürfen wir bei ihm in die Schule gehen. Wir dürfen ihn bitten, uns die Bedürftigkeit des anderen zu zeigen. Aber ebenso können wir um die Art der Liebe für unseren Ehepartner bitten, die nicht einklagt, sondern sich liebevoll schenkt.

Wer das Geheimnis der Sexualität beim Schöpfer abfragt, wird eine eigenartige Antwort erhalten:

»Ich gab jedem etwas, was der andere nicht hat. Ich gab es, um euch einander zu ergänzen und heil zu machen, nicht zum Kampf. Erkenne deine Berufung und lebe sie.«

Zum Nachdenken:

Der Trieb des Mannes treibt ihn zu seiner Frau. Er ist keine Erfindung des Mannes, sondern des Schöpfers, und deshalb von der Frau nicht abzuwerten.

Gebet:

Herr, ich sehne mich oft nicht nach der Nähe meines Mannes, weil er mir so fremd erscheint, wenn er etwas von mir »will«. Bitte gib mir den Mut, nicht an mich zu denken, sondern an dich.

Du hast ihn so geschaffen, dass er sich nach meiner Nähe sehnt. Räume du mit mir die »Schublade« auf, damit ich mich öffnen kann - freiwillig.

Merke:

Niemand auf dieser Welt kann unsere letzte Sehnsucht stillen, so geliebt zu werden, wie wir es uns wünschen. Nur der Schöpfer selbst kann unser Herz erfüllen.

Was ist Liebe?

»Mein Mann sagte mir, nachdem ich ihn ohne Unterlass drängte, dass er die Traumfrau seines Lebens gefunden habe. Er will aber trotzdem bei mir bleiben. Wie soll ich damit umgehen?«

»Endlich habe ich den Mann getroffen, der meine Gefühle versteht, einen Mann, der mir zuhört, dem ich wichtig bin. Ich liebe ihn so, dass ich wegen ihm sogar meine Kinder aufgeben würde.«

»Mein Mann hat eine Affäre mit einer anderen Frau. Er gestand mir seine Liebe zu ihr. Aber er beteuerte mir, mich niemals zu verlassen. Ich solle ihm nur noch etwas Zeit lassen.«

»Ich war nie in meinen Mann verliebt. Aber dann heirateten wir. Doch jetzt bin ich dem Mann meines Lebens begegnet. Leider ist auch er verheiratet.«

Diese Aussagen hören wir in der Seelsorge mehrmals pro Woche! Dabei ist zu beachten, dass es sich hauptsächlich um Christen handelt - also um Menschen, denen Gott und seine Gebote wichtig sind.

An Christen gehen die Einflüsse dieser Welt nicht spurlos vorüber.

Sie werden versucht wie alle anderen Menschen, haben Bedürfnisse wie andere Männer und Frauen, sind denselben Einflüsterungen ausgesetzt wie Menschen, denen Gott nicht wichtig ist. Wir leben in einer Zeit, die zunehmend lustbetont und egoistisch ist. Gelobt sei, was Spaß macht, heißt das Motto! Das Gefühl steht über allem und wird zum Gradmesser der Liebe erhoben. Dabei werden Liebe und Lust schnell miteinander verwechselt.

Was die Bibel uns über Liebe sagt

Wenn in der Bibel von Liebe die Rede ist, geht es dabei immer um das Verhältnis zwischen Gott und uns oder das Verhältnis zwischen unserem Nächsten und uns. Dabei steht im Vordergrund, dass wir dem anderen zur Hilfe werden und uns nicht um uns selbst drehen.

In Römer 5,8 heißt es: »Gott aber erweist seine Liebe zu uns darin, dass Christus für uns gestorben ist, als wir noch Sünder waren.« Ich kann mir nicht vorstellen, dass Jesus tolle Gefühle dabei hatte, als er für uns starb. Aber sein Herz war davon erfüllt, uns zu erretten.

Ein Pharisäer fragt Jesus einmal, wer sein Nächster sei, den er lieben solle. Jesus erzählt daraufhin das Gleichnis vom barmherzigen Samariter (Lukas 10,25–37).

In dieser Geschichte hören wir, was Liebe ist: Den anderen in seiner Bedürftigkeit, seiner Verzweiflung, seinem Einsamkeitsgefühl auffangen und ihm Hilfe zuteil werden lassen. Es geht also immer um den anderen, den Menschen, der in Not geraten ist.

Oft fühlt sich unser eigener Ehepartner wie ein in Not Geratener. Leider verdrängen wir oft die Not des anderen, weil sie uns zur Veränderung aufrufen könnte. Um uns zu verändern, fehlt uns meistens Lust und Kraft.

Für manche scheint die nächstliegende Lösung zu sein, dass man den Partner austauscht, weil man meint, damit das Problem vom Tisch zu haben.

Menschliche Liebe ist zerbrechlich

Nach Erfahrungen mit der »Traumfrau« hat mancher Mann sich als »Esel« und »Dummkopf« bezeichnet. Manche Frau brach erschüttert darüber zusammen, was sie durch ihre Verblendung angerichtet hatte.

Im Moment der Verliebtheit sind Menschen in der Regel nicht

fähig, klar zu denken. Die Traumwelt wird zur Wirklichkeit und stürzt später in sich zusammen wie ein Kartenhaus.

Was suchen Männer bei anderen Frauen?

»Sie kann es kaum erwarten, mich zu sehen. Wenn unsere Blicke sich begegnen, spüre ich, wie sie mich bewundert. Sie schätzt meinen Rat. Sie findet mich gut. Wenn wir uns sexuell begegnen, muss ich nicht betteln. Sie schenkt sich mir freiwillig und ist eine echte Partnerin.«

Was fasziniert Frauen an anderen Männern?

»Er versteht mich. Ich kann mit ihm über alles reden. Er weiß, was ich meine. Er wartet nicht ungeduldig, bis ich mit dem Reden fertig bin. Er findet sogar gut, über was ich mir Gedanken mache. Ich fühle mich bei ihm geborgen, weil er sich Zeit für mich nimmt. Ich bin ihm wichtig. Er macht mir Komplimente. Wenn er sich mir zuwendet, dann nicht mit dem Zweck, später Sex mit mir zu haben.

Er bemerkt, wenn ich ein neues Kleid trage, und sieht, wenn meine Haare frisch gewaschen sind.«

Es sind immer wieder ähnliche Dinge, die auf Männer und Frauen eine Faszination ausüben. Eigentlich sind all dies lebensnotwendige Eigenschaften, die in der Ehe leider oft zu kurz kommen. Die Substanz vieler Ehen reduziert sich mit der Zeit auf die Stufe einer Arbeitsgemeinschaft. Man arbeitet und schuftet, kommt kaum zurecht mit allem, was geleistet werden muss, ist erschöpft und erwartet vom Partner, wenigstens ein bisschen aufgefangen zu werden. Diesem geht es jedoch nicht anders. So schläft der eine abends erschöpft vor dem Fernseher ein, während der andere schon im Bett liegt und möglicherweise auf ihn wartet.

Kommt es zu einer Affäre, werden jedoch plötzlich ungeahnte Kräfte frei.

Es sind also Kräfte vorhanden!

Wir können uns auch in der Ehe wieder neu begegnen und dabei von dem in uns schlummernden Potenzial profitieren.
Ein erster Schritt dabei ist, sich wieder Zeit füreinander zu nehmen.
Nicht nur zusammen arbeiten, sondern sich auch aneinander freuen!

Das erste Wunder von Jesus war kein wirklich notwendiges Wunder. Es war scheinbar fast überflüssig: Bei der Hochzeit in Kana (Johannes 2) verwandelte Jesus Wasser in Wein.

Vielleicht will Jesus uns damit sagen: »Gönnt euch Freude! Nehmt euch Zeit zum Feiern! Haltet inne, bevor das Wichtigste in eurer Ehe verloren geht: die Zuneigung zueinander! Fangt an, euch gegenseitig kleine Freuden zu bereiten! Sucht Möglichkeiten, dem anderen Bewunderung zu zeigen (auch wenn ihr sie möglicherweise nur mit der Lupe findet!).«

Gottes Liebe zu uns zeigte sich nicht darin, dass er so wundervolle Gefühle zu uns hatte

Es bewies seine Liebe, indem er eine Lösung suchte, uns zu helfen und unser Leben zu verändern. Auf diese Weise wurde uns das Beste geschenkt, was einem Menschen widerfahren kann!

Wir haben diese Liebe oft nicht in uns

Aber sie kann uns geschenkt werden. Durch den Heiligen Geist wird sie in unser Herz gegeben (Römer 5,5), wenn wir es wollen.

Diese Liebe verändert uns, sodass wir uns nicht mehr um uns selbst drehen, sondern zu echtem Geben fähig werden.

Zum Nachdenken:

Bin ich die Frau/der Mann, mit dem/der ich gerne verheiratet wäre?

Worin vernachlässige ich meinen Ehepartner, obwohl ich weiß, was er/sie sich wünschen würde?

Gebet:

So vieles in unserer Ehe, Vater im Himmel, hat sich eingeschlichen, ohne dass es einer von uns sich gewünscht hätte. Bitte hilf mir, nicht nur meine Bedürfnisse zu sehen und einzuklagen, sondern auch zu entdecken, wo mein Ehepartner Mangel hat. Bitte bewahre uns davor, bei jemandem anderen uns holen zu wollen, was wir in unserer Ehe nicht bekommen. Hilf uns stattdessen, neu an unserer Ehe zu arbeiten.

Merke:

Wer seine Frau im Herzen erreichen will, muss beginnen, ihr seine beiden Ohren zu schenken!

Wer seinen Mann gewinnen will, fange an, ihn zu bewundern und groß zu machen!

Wenn der Ehepartner kein Christ ist …

»Wenn mein Partner nur Christ wäre, dann wäre alles gut!«

Das meinen jedenfalls viele Eheleute.

Nicht alle Paare beginnen ihre Ehe mit dem gemeinsamen Glauben an Gott. Doch auch in einer Ehe von zwei Christen kann einer zeitweilig durch Glaubenskrisen gehen (durch Enttäuschungen über Gott, fehlende Gebetserhörungen etc.). Besonders problematisch wird es, wenn in einer Ehe von zwei Ungläubigen einer von beiden zu Christus findet.

In der Regel ist es der eher schwächere Partner, der zum Glauben kommt, weil er erkennt, dass er Jesus Christus als den Halt seines Lebens braucht. Deshalb ist für den Stärkeren manchmal das Christsein des Schwächeren nicht so sehr attraktiv, weil dieser eben häufig versagt. Für den Nichtchristen kann aber auch eine völlig neue Situation dadurch entstehen, dass der Partner durch den Glauben an Jesus ein neues Selbstwertgefühl entwickelt. Manchmal fangen Ehepartner auch an, mit Eifersucht zu reagieren, weil der Gläubige nun anderen Dingen Vorrang gibt als zuvor. Gelegentlich empfindet der ungläubige Partner Jesus Christus sogar als Konkurrenz.

Frauen hängen leider an diesem Punkt oft ihre ganze Unzufriedenheit über die Partnerschaft auf. Sie konzentrieren sich nur darauf, den Partner zu Christus zu führen, statt an ihrer Ehe zu arbeiten. Gerade dadurch fühlt sich der andere abgestoßen, weil er sich in eine bestimmte Richtung gedrängt sieht. Noch schlimmer ist es, wenn die Frau Vergleiche zu anderen Ehepaaren bringt, bei denen der gläubige Mann anscheinend liebevoller und verständnisvoller ist.

Wichtig erscheinen mir folgende Punkte:

1. Ihn gewinnen

- Den Partner in seiner Andersartigkeit kennen lernen und annehmen, sich für ihn als Mensch interessieren;
- so weit wie möglich auf seine Wünsche eingehen;
- ihn loben und ihm Zuneigung zeigen;
- ihn mit Glaubensdingen nicht überfordern, sondern mehr das Christsein leben als darüber sprechen;
- ihn vor anderen nicht schlecht machen, weil er kein Christ ist, und ihn damit zu einem Menschen 2. Klasse stempeln;
- den Partner lieben, wie er es braucht.

2. Angst verlieren

- Angst verlieren, etwas falsch zu machen.
- Am Tisch leise beten, bevor man zu essen beginnt, oder fragen, ob man es laut tun darf (und dann nur kurz Gott für die Gaben danken).
- Wenn kleine Kinder da sind, ruhig mit ihnen beten und ihnen biblische Geschichten vorlesen;
- falls der Partner darüber lächelt, erklären, dass einem dies wichtig und heilig ist.
- Empfindlichkeit verlieren.

3. Sich abgrenzen

- Mir nicht alles gefallen lassen, nur weil ich Christ bin.
- Auch als Christ habe ich eine Würde.
- Einen gewissen Freiraum offen halten, um Gemeinschaft mit Christen zu pflegen.

4. Sich selbst nicht unter Druck setzen und überfordern

- Auch als Christ bin ich nicht perfekt.
- Fehler eingestehen und um Vergebung bitten.
- Auf den anderen eingehen, so gut ich kann.
- Meine Bedürfnisse aussprechen lernen.

5. Weise sein

- Gemeindebesuch nicht übertreiben.
- Den Prediger oder andere Christen nicht als Vorbild hinstellen.
- Den anderen nicht auf Jesus eifersüchtig machen.
- Sich nicht unter dem Deckmantel des Christentums selbst Fehler zugestehen und dadurch unglaubwürdig werden.
- Sich nicht im Wunsch verzehren: Wenn mein Partner nur Christ wäre, dann wäre alles anders.
- Nicht an diesem Punkt die Unzufriedenheit über die Partnerschaft aufhängen.

6. Mit Gott rechnen

- Lernen Sie, auf Gottes Zeit zu warten.
- Mein Harmoniebedürfnis bei Gott abliefern.
- Meinen Partner segnen und für ihn beten.

Wenn der Ehepartner zum Glauben findet, ist leider nicht die ganze Ehesituation gelöst. Deshalb ist es notwendig, an der Ehe zu arbeiten, auch wenn der Partner kein Christ ist. Wenn beide Christen sind, liegen die Erwartungen dem anderen gegenüber oft viel höher als bei Nichtchristen, was z. B. Vergebung und Mithilfe in täglichen Dingen anbelangt. Deshalb sind christliche Ehepaare im Ehealltag nicht immer besser dran als nichtchristliche.

Leider zeigt die Erfahrung, dass christliche Ehepartner nur selten miteinander beten. Die Unterschiedlichkeit von Mann und Frau spielt manchmal bis ins Gebet und den Glauben hinein eine Rolle.

Alle, die als Christen ihre Ehe leben, möchte ich bitten, neu miteinander beten zu lernen. Denn Gott will gerade durch das Gebet des Paares Großes bewirken. »Wenn zwei unter euch eins werden auf Erden, worum sie bitten wollen …« heißt es in Matthäus 18,19.

Sprechen Sie miteinander über das, was Sie gegenseitig als störend empfinden, und warum sie das gemeinsame Gebet nicht mehr pflegen! Lassen Sie nicht zu, dass der Feind Ihnen raubt, was Gott Ihnen schenken möchte.

Zum Nachdenken:

Will ich meinen Partner für Christus gewinnen - oder erhoffe ich mir nur damit, dass sich unsere Ehe bessert?

An welchem Punkt will ich Gott um Veränderung bei mir bitten, damit ich glaubwürdiger bin in meinem Christsein?

Gebet:

Herr, wie sehne ich mich danach, dass mein Ehepartner auch zu dir findet. Wie wünsche ich es mir in all meinen Gebeten. Es schmerzt mich so, dass ich mit ihm nicht über dich reden kann. Aber ich will nicht jammern, sondern dir vielmehr dafür danken, dass ich dich finden durfte und du mein Leben so unendlich reich gemacht hast.

Schenk mir Weisheit im Umgang mit meinem Ehepartner, dass ich ihm so begegne, dass er Sehnsucht danach bekommt, dich kennen zu lernen. Und wenn es lange dauert, gib mir die Geduld, liebevoll zu warten.

Merke:

Wer einen anderen für die Sache Gottes gewinnen will, braucht vor allem drei Dinge:
Liebe, Weisheit und Geduld.

Wie viel Zeit verbringen Sie miteinander?

Je länger eine Ehe besteht, desto schöner und erfüllter kann sie werden

Leider ist das nicht die Regel. Abnutzungserscheinungen sind genauso möglich, die dann zu wirklichen Qualen führen. Damit dieser Zustand erst gar nicht eintritt, bedarf es regelmäßiger Ehepflege.

Doch auch wenn schon Verschleißerscheinungen festzustellen sind, lassen sich diese meistens beheben.

Sich kennen lernen heißt, miteinander reden und einander zuhören

Die Phase der Freundschaft und der Verlobung war meist dadurch geprägt, dass man viel Zeit miteinander verbrachte. Man schrieb sich regelmäßig oder telefonierte miteinander, saß zusammen, um sich auszutauschen. Es gab fast nichts, was man nicht voneinander gewusst hätte. Es war möglich, auch ohne zu reden, einfach auf einer Wiese zu sitzen und einem Sonnenuntergang zuzuschauen.

Wer sich zu kennen meint, kennt sich oft nicht mehr

Nun, nach langer Ehe, scheint man sich zu kennen. Man wünscht sich freundlich einen »Guten Morgen« und betet miteinander. Aber dann frisst uns der Alltag. Alles scheint wichtig zu sein: der Einkauf, das Nichtvergessen von Geburtstagen, die Arzttermine, die Krankheit unseres Kindes, die Not der Menschen um uns herum, die nicht geputzten Fenster ... bei der Frau. Beim Mann sind es die Anforderungen des Berufs und die unaufschiebbaren Termine, die seine Kraft aufzehren. Wenn wir dann abends im Bett liegen, sind wir so erschöpft, dass uns ein Gespräch manchmal zu anstrengend erscheint.

Wirkliche Liebe meint: Zeit haben füreinander

Für alles, was uns wertvoll ist, investieren wir Zeit. Wer sich Zeit nimmt für einen Menschen, sagt damit: Ich nehme dich ernst, du bist mir wichtig. Deshalb müssen wir gerade in der älteren Ehe darauf achten, dass Zeit auch für uns beide geplant wird. Wir verändern uns in unserer Persönlichkeit und müssen diesen Schritt auch im Gespräch aufarbeiten. Sonst leben wir am anderen und seinen veränderten Bedürfnissen vorbei - und wundern uns darüber, wie fremd wir einander sind.

Es ist weniger wichtig, dass wir in allem harmonieren, als dass wir nachvollziehen können, warum etwas für den anderen von Bedeutung ist. Jetzt ist zuhören »dran«. Oft meint man schon zu wissen, was der andere sagen möchte, und hört deshalb nicht mehr richtig zu. Man meint, den anderen zu kennen, und weiß in Wirklichkeit nur, wie er früher war. Missverständnisse bauen sich auf. Entweder streitet man oder man schweigt sich resigniert aus.

Kleine Schritte aufeinander zu können sein:

1. Wenn Ihr Partner zu reden beginnt, legen Sie Ihre Arbeit nieder und wenden Sie sich ihm zu. Diese Botschaft heißt: Was du sagst, ist mir wichtig.

2. Ich gebe meine Vorwurfshaltung auf: »Du hast ja doch keine Zeit für mich.«

3. Dafür mache ich dem anderen einen konkreten Vorschlag, indem ich ihn z. B. zu einem Kaffee mit Kuchen einlade.

4. Ich reagiere nicht beleidigt, wenn der andere nicht freudig und spontan darauf »einsteigt«, sondern versuche es später nochmals.

5. Meine Gespräche mit dem Partner sollten angenehm und nicht fordernd verlaufen. Lieber schweigen, als den anderen anklagen! Wer liebevoll schweigt, gibt die gute Botschaft weiter: Du bist mir wichtig. Ich bin bereit zum Zuhören.

6. Bereiten Sie eine Tasse Tee oder Kaffee vor, wenn Ihr Partner nach Hause kommt. Sagen Sie den Kindern, gerade auch den schon erwachsenen, dass das Ihre gemeinsame Zeit mit dem Ehepartner ist und dass Sie nicht unterbrochen werden möchten. Telefonanrufe nimmt mittlerweile der Anrufbeantworter entgegen.

7. Lassen Sie nicht zu, dass Sie einander fremd werden. Nehmen Sie sich Zeit für Berührung.

8. Planen Sie im Terminkalender gemeinsame Zeiten ein, bevor andere Ihre ganze Zeit verplanen.

Zum Nachdenken:

Viele Dinge erscheinen einem wichtiger als der Mensch an unserer Seite, bis wir merken, dass ein anderer Mensch in das Leben des Partners eindringt, der mehr Zeit für ihn hat.

Gebet:

Herr, die Zeit zerrinnt mir zwischen den Fingern. So vieles scheint wichtig zu sein. Dabei vergesse ich manchmal ganz den Menschen an meiner Seite, mit dem ich ein Fleisch sein soll. Ich gebrauche ihn viel eher wegen der Funktionen, die er einnimmt. Es gibt einfach so viel zu tun. Bitte erinnere mich im Alltag daran, dass ich meinem Mann/ meiner Frau meine Ohren schenke, seine/ ihre Bedürfnisse spüre und mir Zeit nehme für ihn/ sie.

Merke:

Zeit ist der wichtigste Faktor, um einem Menschen meine Liebe zu zeigen.

Mit Kritik und Missstimmungen umgehen lernen

Eine Freundin von mir leitet in der Gemeinde einen Chor. Sie gibt dabei ihr Bestes. Dennoch ist das Ergebnis nicht immer vollkommen. Viele der Sänger singen aus Freude mit, aber nicht alle sind gleichermaßen begabt. Als Chorleiterin weiß sie das. Sie kennt auch ihre eigenen Grenzen.

Nach einem der letzten Liedvorträge gab es Kritik. Diese ging ihr sehr unter die Haut. Hatte sie doch den Einsatz erbracht, obwohl sie anderweitig sehr eingespannt war! Obschon sie nicht einmal wusste, wer sich so negativ geäußert hatte - es war ihr nur zugetragen worden - hätte sie am liebsten die ganze Chorarbeit aufgegeben.

Wem schenken wir Glauben? Von wem lassen wir uns beeinflussen? Wer bestimmt uns?

Ein großes Problem unserer Zeit liegt darin, dass wir das Loben verlernt haben. Positives wird als selbstverständlich angesehen, Negatives dagegen deutlich vorgebracht. Wir sehen dies besonders intensiv an der Notengebung in der Schule.

Als eines unserer Kinder aufs Gymnasium wechselte, sackten die Noten zuerst einmal ab. Unser Junge kam mit der ersten 5 seines Lebens ganz verzweifelt nach Hause. Für mich war dies keine Katastrophe, weil ich wusste, dass er sich wieder fangen würde. Allerdings erschütterte mich der Kommentar, den der Lehrer unter die Zensur geschrieben hatte. Er war niederschmetternd und mit wenig Einfühlungsvermögen formuliert.

Nicht nur mein Junge, auch ich hatte den Eindruck, dass der Lehrer ihm absolut nichts zutraute und der Junge ein Versager war.

Die Hälfte der Mathearbeit war völlig richtig ausgeführt und gerechnet.

Dies wurde mit keinem einzigen Wort erwähnt!

Psychologische Untersuchungen haben ergeben, dass eine Negativaussage erst von fünf Positivaussagen aufgefangen wird. Was funktioniert, wird kommentarlos hingenommen. Nur das Negative wird erörtert! Und das nicht nur in der Schule.

Es verdichtet sich ein Negativbild über uns selbst; denn Lob bleibt aus und Kritik häuft sich.

Kommt wirklich einmal Lob, dann bezweifeln wir, ob es ehrlich gemeint ist oder ob es der andere nur sagt, um uns aufzubauen.

Vier Dinge scheinen mir wichtig zu sein:

1. Innere Abgrenzung lernen

Wie ich eine äußere Haut habe, die verletzt werden kann, habe ich auch eine innere »Haut«, die ich schützen muss. Ich brauche nicht jedem Glauben zu schenken.

Beim Nachdenken über eine Situation muss ich mir entweder vor Augen führen: »Hier habe ich Grenzen, mehr kann ich nicht bringen. Ich muss diese Grenzen annehmen, auch wenn andere nicht damit einverstanden sind.«

Oder auch: »Hier habe ich versagt. Es tut mir Leid. Ich versuche, diese Angelegenheit das nächste Mal besser zu regeln und mir mehr Mühe zu geben.«

Wenn ich mich ständig mit dem Maß messe, das andere an mich legen, bin ich vorprogrammiert und werde immer wieder versagen. Ich muss mir meiner eigenen Grenzen bewusst werden, sie formulieren und evtl. auch aussprechen. Sonst verliere ich vor mir selbst meinen Wert, den ich durch Gott mit meinen Gaben und Grenzen habe, und überfordere mich ständig.

2. Den anderen nicht nur mit Gutem überschütten

Wer selbst sehr viel Einsatz bringt, erwartet in der Regel auch von anderen besonders viel, sei es in Ehe, Beruf oder Kindererziehung. Nicht immer nehmen die Betroffenen den Einsatz wahr. Mancher Mann bemerkt die Arbeitslast seiner Frau erst, wenn sie einmal durch Krankheit ausfällt. Mancher Chef staunt im Nachhinein, wie zuverlässig seine Sekretärin war, wenn er sich mit einer neuen zurechtfinden muss. Manches Kind schätzt den Einsatz seiner Eltern erst, wenn es selbst einmal Kinder hat.

Es ist gut, das Beste zu geben. Aber überfordern Sie sich nicht dabei! Der andere wird möglicherweise alle Liebenswürdigkeiten genießen, ohne sie bewusst und dankbar wahrzunehmen. Seien Sie gelegentlich auch sparsam damit, um dem anderen die Möglichkeit zu geben, dass er/sie selbst aktiv wird.

3. Nehmen Sie nicht alles persönlich!

Verlieren Sie ein Stückweit die Empfindlichkeit! Legen Sie nicht alles auf die Goldwaage! Wie man zu gewissen Zeiten des Zyklus leichter gereizt ist, ohne es zu wollen, so hat jeder seine Missstimmungen - auch ein Mann. Gehen wir ihm dann aus dem Weg und lassen ihn ruhig ein bisschen »brummeln«, ohne alles zu ernst zu nehmen! Der andere ist frustriert. Das darf er auch sein.

Wir Frauen fühlen uns leider viel zu schnell betroffen und beziehen alles auf uns selbst. Wir brauchen nicht für alles Unglücklichsein des anderen die Verantwortung zu übernehmen. Als ich meinen Mann einmal sehr plagte, mir doch zu sagen, was nun zwischen uns stünde, antwortete er: »Darf ich bitte auch einmal ein anderes Problem haben und darüber nachgrübeln, ohne dich um Erlaubnis zu fragen und ohne dass du daran Schuld bist?«

Wer nur dann zur Werkstatt geht, wenn das Auto stehen bleibt, wird oft Pannen haben. Ein Auto muss regelmäßig gewartet werden, um verlässlich zu sein. Leider vergessen wir diesen wichtigen Punkt im Zusammenleben. Je mehr wir den anderen »warten« (das hängt auch mit der Zeit zusammen, um nachzuschauen, ob alles in Ordnung ist), umso weniger kommt es zu Pannen. Sich Zeit nehmen, das Gute auszusprechen, das Funktionierende zu loben, ein Bewusstsein zu entwickeln für das Selbstverständliche, bewahrt uns davor, gleichgültig zu werden und unser Augenmerk nur auf Fehler zu richten. Wer lobt, tut dem anderen, aber auch sich selbst, etwas Gutes, weil das Zusammenleben erleichtert wird.

Lob ist wie die Würze am Salat, die Sahne auf dem Obstkuchen, die Kerze auf dem Esstisch.

All das ist nicht lebensnotwendig, gibt aber zusätzliche Freude. Und Freude erleichtert unser Leben.

Fangen wir bewusst an, Menschen in unserem Umfeld auf Positives hin zu »untersuchen«! Und noch wichtiger: Finden wir Worte dafür! Wir sollten nicht erstaunt sein, wenn diese am Anfang mit unseren lobenden Aussagen nichts anzufangen wissen. Sie werden sich sicher gern mit der Zeit daran gewöhnen.

Paulus sagt in Philipper 4,8: »Ist etwas Gutes, dem denket nach.«

Zum Nachdenken:

Sehe ich Gutes beim anderen? Bin ich fähig, es auch auszusprechen? Was erwarte ich von anderen, das ich selbst nicht zu bringen vermag?

Wo überfordere ich andere durch meine Perfektion?

Gebet:

Herr, es ist einfacher, mit dir zurechtzukommen als mit den Menschen in meinem Umfeld. Gib mir die Weisheit herauszufinden, wo ich Kritik annehmen soll, und den Mut, Dinge zurückzuweisen, die mich nur zerstören. Ich brauche dich dabei, um mich nicht vor dem Falschen zu drücken. Und ich benötige dich genauso dringend, um mich mit deinen Augen zu sehen und mich selbst nicht nur in die Negativschublade zu stecken.

Gib mir neue Augen, um an meinem Ehepartner Gutes zu sehen und auch auszusprechen!

Merke:

Ich muss nicht sein, wie andere mich haben wollen - nicht einmal, wie ich mich selbst haben möchte. Aber ich darf lernen, ganz dem zu entsprechen, wie Gott mich gemeint hat.

Geheimrezept für ein gutes Miteinander

Schon morgens in einem Topf aufzusetzen auf heiße Herdplatte:
eine große Portion Freundlichkeit.

Im Laufe des Tages stündlich dazuzurühren ist
ein liebevoller Blick oder Gedanke.

Das Ganze beim Mittagessen servieren
mit herzlicher Umarmung.

Zum Nachmittagskaffee reiche man
Lobestörtchen mit Dankesperlen.

Das Abendessen bereite man mit einem guten Gespräch vor, gewürzt mit
einer großen Bereitschaft zum Zuhören.

Beim Zubettgehen wiege man die sich eingeschlichenen Bitterstoffe des Tages
mit Humor und Vergebung auf

und gönne dem anderen - auch unverdient - einen köstlichen Abendtrunk aus
Hingabe, zubereitet als Feuerzangenbowle.

PS: Da dieses Rezept häufigen Schwankungen unterliegt, falte man schon morgens die Hände und bitte Gott um Gelingen.

Danke!

Vor mir saß eine verzweifelte Frau. Sie wollte, sie konnte mit diesem Mann nicht mehr leben. Seit 22 Jahren verheiratet, war er immer korrekt und angepasst gewesen, hatte sein Geld nach Hause gebracht, nie eine Affäre gehabt. Aber sie war es leid, die Wäsche zu waschen, Essen zu kochen, mit ihm zu schlafen, ohne dass er je sagte, dass er sie liebte. Sie wollte, sie musste aber wissen, ob er sie liebte. Immer, wenn sie ihn danach fragte, bekam sie eine forsche Antwort, dass sie das ja wohl wisse. »Nein, unter diesen Umständen kann ich nicht mit ihm weiterleben«, sagte sie mir.

Zu sehr verletzt

Ich spürte ihre Bitterkeit, ihre Verzweiflung, ihren inneren Hilfeschrei nach Liebe. Und doch hatte ich den starken Eindruck, dass dieser Mann, mit dem sie verheiratet war, sie ebenfalls liebte. Nur dass er seine Liebe so ganz anders ausdrückte, als sie es verstehen und annehmen konnte.

Vorsichtig versuchte ich, ihr das klarzumachen. Aber sie wollte es nicht hören. Ihre Liebe war zu sehr verletzt durch das Defizit, das sie dadurch fühlte, dass er das Wort der Liebe nie aussprach. Ich konnte sie nicht davon überzeugen, dass es wirklich Liebe war, warum ihr Mann zu ihr hielt, und nicht nur Bequemlichkeit.

Als Aufgabe eine Dankesliste schreiben

»Bis zu unserem nächsten Gespräch möchte ich Ihnen eine Aufgabe geben«, ließ ich sie wissen und überreichte ihr dabei ein leeres Blatt Papier. »Schreiben Sie eine Liste über die Dinge, die

Ihr Mann für Sie im Alltag übernimmt.« Fast wütend verließ sie den Raum. Ich war mir nicht sicher, ob sie den nächsten Termin bei mir wahrnehmen würde.

Aber sie kam. Verschämt holte sie das Blatt heraus, das starke Gebrauchsspuren aufwies. »Denken Sie«, erzählte sie mir, »kurz nach unserem letzten Gespräch bei Ihnen wurde mein Mann krank. Das Toilettenpapier war das Erste, bei dem mir bewusst wurde, dass mein Mann immer das Auffüllen übernommen hatte, ohne Worte zu machen. Dann blieb ich auf der Straße mit dem Auto stehen und suchte die Reparaturwerkstatt auf. Wie sich herausstellte, lag es daran, dass kein Benzin mehr im Tank war. Ich hatte mich nie darum gekümmert. Als Nächstes gingen mir die Schecks aus. Außerdem merkte ich, dass ich nicht einmal wusste, wie man Rechnungen bezahlt ...«

Die Dankesliste vorlesen

»Ich schrieb all diese Dinge auf und ging mit meiner Liste ins Krankenhaus. Dort las ich sie meinem Mann vor. Er sagte nichts dazu. Aber ich sah das erste Mal in unserer langen Ehezeit Tränen in seinen Augen. Da begriff ich, dass er all das ohne Worte aus Liebe für mich getan hatte.«

Zum Nachdenken:

Dank ist der Ausdruck, mit dem wir kundtun: »Ich schätze, was du für mich tust.« Wer anfängt, danke zu sagen, bekommt immer mehr Grund dazu.

Gebet:

Herr Jesus, du freutest dich sehr, dass einer von den zehn Aussätzigen, die du geheilt hattest, zurückkam, um danke zu sagen.

Das Nehmen fällt uns Menschen oft so viel leichter als das Danke-Sagen. Bitte gib mir die rechten Augen, um an meinem Partner nicht nur zu sehen, was ich gerne hätte, sondern wofür ich ihm öfter danken sollte.

Merke:

Dank ist das stärkste Mittel gegen die zerstörerische Kraft der Unzufriedenheit.

Soll man, kann man, darf man einen Ehepartner erziehen?

Die meisten von uns würden wohl spontan mit Nein antworten.

Dazu ist die Ehe nicht gedacht! Wir sind in der Ehe doch Partner und leben nicht in einer Eltern-Kind-Beziehung miteinander! Trotzdem nimmt oft einer der Partner unbewusst eine Kind-Beziehung zum anderen ein – um des lieben Friedens willen, aus Angst, im Erkennen der eigenen Schwächen, aus Dankbarkeit o. ä.

Wir waren fast zwei Jahre lang verlobt, bevor wir heirateten. Dadurch kannten wir uns schon recht gut. Und auch, wenn ich vieles an meinem zukünftigen Mann schätzte, hatte ich schon Ideen, was noch besser werden könnte. Ich war überzeugt davon, dass sich das schon geben würde. Heute, nach über dreißig Ehejahren, weiß ich, dass ich mich ändern kann, aber dass es außerhalb meiner Macht steht, meinen Mann zu verändern.

Männer haben oft hohe Vorstellungen

Wir erleben in der Paarberatung, dass Männer oft eine hohe Vorstellung davon haben, wie ihre Frau reagieren soll. Sie erwarten Verständnis, wenn es ihnen nicht gut geht, wollen ihre Nähe, wenn sie sich vom Leben beschwert fühlen, genießen ihre Kochkünste … Aber sie fühlen sich sehr schnell angegriffen, wenn die Frau eine andere Vorstellung von Geldausgaben hat als sie, reagieren gereizt, wenn die Frau nicht ausgeglichen ist, sind beleidigt, wenn das Essen nicht pünktlich auf dem Tisch steht oder andere Dinge nicht akkurat erledigt werden.

Frauen leben in Erwartungen

Auch Frauen leben häufig in der Erwartung, dass ihr Mann sie immer und jederzeit verstehen soll. Sie möchten mit lieben Worten umgeben werden, besonders wenn sie selbst unausgeglichen sind, verstanden werden, selbst wenn sie Ablehnung zeigen, angenommen werden, wenn sie gereizt reagieren. Der Mann soll möglichst schon handeln, bevor sie ihre Gefühle in Worte gekleidet haben, ihnen zuhören, ohne dass sie sich die Mühe machen, auch für ihn verständlich zu reden. Alle diese Erwartungen haben Kinder an ihre Eltern. Sie möchten verstanden und geliebt werden, ohne sich dafür anstrengen zu müssen, sich gehen lassen können und trotzdem angenommen sein. In der Tat dürfen wir in der Ehe neu lernen, einander in Liebe zu ertragen, statt uns ständig mit Vorwürfen zu überschütten.

Aber es geht auch darum, nicht jede Äußerung des anderen auf die Goldwaage zu legen.

Als Partner dürfen, ja haben wir sogar die Pflicht, als Erwachsene zu reagieren. Keiner darf sich zurückziehen, nur um sich Ärger zu ersparen.

Keiner darf zum Diener des anderen werden, nur um dessen Forderungen gerecht zu werden.

Keiner darf zum Kind werden, das ängstlich darauf wartet, wie es wohl heute bewertet werden wird.

Keiner von beiden sollte Boss spielen, den anderen bestimmen wollen, Vorschriften machen, meinen, alles besser zu wissen.

Wer den anderen ständig in eine Rolle drängt, die ihm nicht liegt, schafft eine ungute Stimmung. Denn der Überforderte kann darauf nicht mit Liebe antworten.

Mehrere Möglichkeiten, mit dem Anderssein des Partners umzugehen

Auf jeden Fall muss ich ihn darauf ansprechen, dass mir sein Verhalten Schwierigkeiten bereitet. Er muss wissen, wie ich darüber denke. Aber ich darf nicht erwarten, dass er sein Verhalten danach sofort ändern kann und will. Doch in mir selbst muss eine Entscheidung getroffen werden, wie ich in Zukunft damit umgehen werde.

Folgende Vorgehensweisen sind denkbar:

Wenn der Mann immer die Kleidung in der Wohnung verstreut:

- Am Morgen die verstreuten Kleidungsstücke auflesen und ihn dabei segnen;
- ihm die gesammelten Werke vor sein Bett legen;
- alles dort liegen lassen, wo es hingelegt wurde.

Wenn die Frau nie rechtzeitig kocht:

- Ihr sagen, wie sehr man sich aufs Essen freut und auch wirklich Hunger hat beim Heimkommen;
- ohne Vorwurf ein Stück Brot essen, aber dann noch mitessen, wenn sie das Essen fertig hat;
- ihr ein kleines Geschenk, auf jeden Fall aber ein großes Lob geben, um auszudrücken, wie sehr man sich darüber gefreut hat, dass es diesmal klappte.

Was uns auf Dauer kränkt, nichts hilft und eher krank macht, ist:

- sich zurückzuziehen,
- nur noch zu nörgeln und zu zetern,
- den anderen mit einem Elternteil zu vergleichen,
- mit Vorwurfshaltung und hängendem Kopf herumzulaufen,

- ständige Unzufriedenheit zu signalisieren,
- sich zurückgesetzt und als Esel zu fühlen,
- zu schweigen und zu leiden.

Hören Sie auf, Ihren Partner erziehen zu wollen. Gehen Sie in eine heilsame Offensive!

Zum Nachdenken:

Wer seinen Ehepartner erziehen will, muss in Zukunft mit einem unmündigen, angepassten »Kind« leben, das ihn nie zur Reife herausfordert, oder mit einem ewig nörgelnden »Teenager«, bei dem er nie zum Frieden findet.

Gebet:

Vater im Himmel, oft wünsche ich mir, einfach mal angenommen zu sein ohne irgendwelche Forderungen. Aber gleicherweise fühle ich auch, wie viele Erwartungen ich selbst an meinen Partner habe. Dieses Leben ist in vielem so unvollkommen und unsere Ehe auch. Danke, dass du uns nicht aufgibst wegen unserer Unvollkommenheit, sondern immer neu voller Barmherzigkeit mit uns umgehst.

Bitte gib mir die Kraft, die richtigen Worte zu finden für das, was ich verändert haben möchte. Aber gib mir auch Weisheit, den anderen nicht mit meinen Vorstellungen zu überfordern.

Merke:

Wer in die Erziehung Gottes geht, bekommt von ihm veränderte Augen für den anderen.

Das erste Ehepaar – ein ganz normales Paar

»Warum sind Sie zur Eheberatung gekommen?«, frage ich den Mann. »Eigentlich nur, um zu hören, welche Probleme meine Frau hat, ich habe keine«, antwortet er. Die Frau sitzt kopfschüttelnd daneben.

Der Mann hat keine Probleme in der Ehe. Aber er hat dadurch Schwierigkeiten, dass er eine Frau hat.

Die Frau hat eigentlich auch keine Probleme. Aber sie leidet, weil sie einen Mann hat.

Ein ganz normales Ehepaar?

Gehen wir zurück zum ersten Ehepaar:

Die Frau lässt sich durch die Schlange verführen

Wir sehen, wie die Frau sich in der Nähe eines Baumes aufhält, der unter vielen Tausend erlaubten zu den zwei Einzigen zählt, die gemieden werden müssen. Der Reiz der Lust an diesem Baum macht sie versuchbar. Sie lässt sich genau dort auf ein Gespräch ein. Obwohl sie den Besitzer des Gartens kennt, glaubt sie einem Dahergelaufenen, der sie emotional umstimmt, mehr.

Der Mann lässt sich durch seine Frau verführen

Ihr Mann kommt dazu. Er hört seine Frau an. Und er greift nach der Frucht, die sie ihm gibt, und isst.

In der Ehe fühlen sich nun beide verführt

Gott ruft zuerst den Mann. Obwohl die Frau zuerst aß, stellt der Herr des Gartens zuerst den Mann zur Rede: »Wo bist du?«

Der Mann verweist auf die Frau und zusätzlich auf den Herrn des Gartens, der ihm diese Frau gab.

Die Frau schiebt die Schuld auf den Verführer.

Beide Partner fühlen sich unschuldig

Jeder hat den Eindruck, der andere sei zuständig. Und dann ist da ja noch Gott, der die Ehe schuf. Ist er nicht letztlich Schuld daran, wenn es nicht klappt?

Jeder von diesen beiden Menschen sieht zuerst die Schuld beim anderen. Was der andere tat, überwiegt. Ohne sein Tun wäre es gar nicht so weit gekommen.

»Ich bin nicht Schuld daran, dass aus unserer Ehe das geworden ist, was sie heute ist!«, damals und heute

Genau diesen Ausspruch höre ich auch heute in unserer Ehearbeit.

Beide Partner meinen häufig, im anderen eine Stärke zu sehen, die er vielleicht selbst gar nicht so empfindet: Der Mann fühlt sich bedroht durch die Intuition der Frau, die seinem Denken manchmal voraus ist. Außerdem begreift er selten ihre Gefühlsschwankungen.

Die Frau hört aus der Logik des Mannes Kälte und Unverständnis heraus. Sie spürt Ablehnung, wenn er Argumente bringt oder schweigt.

Bei der Abhandlung des ersten Ehepaares hilft die Schuldzuweisung nichts

Sie verlieren das Paradies. Beide!

Es ist gut, in der Beratung aufzuarbeiten, wo die Schwierigkeiten des Einzelnen liegen, zu hören, wie es zur Entwicklung der heutigen Ehesituation kam: Wer am Baum mit der Schlange sprach - und wer sich nur als Opfer fühlt, das die Frucht nahm.

Die Schuldfrage klärt sich beim Besitzer des Ehegartens

Beide sind schuldig geworden!

Zu einer Lösung kommt es dann, wenn jeder der beiden ein tiefes Bewusstsein entwickelt für das, was er dem anderen durch sein aktives oder passives Verhalten vorenthalten hat: Das Zusammenwachsen zu einer beglückenden Gemeinschaft!

Zum Nachdenken:

Wer die Schuld auf den anderen schiebt, vergisst seinen Anteil daran. Es ist weniger entscheidend, wer damit begann, als dass der Kreislauf der Schuld unterbrochen wird.
Buße ist angesagt, nicht Vorwurf. Buße über meinen Teil der Schuld. Vielleicht liegt meine Schuld »nur« darin, dass ich nicht vergeben kann. Aber auch dann ist sie eine Blockade auf dem Weg zu beglückender Gemeinschaft.

Gebet:

Herr Jesus Christus, was mein Ehepartner mir angetan hat, schmerzt so sehr, dass ich es allein nicht schaffe, ihm vergeben zu können. Ich habe solche Angst, dass sich Verletzungen wiederholen, wenn ich ihm verzeihe.

Bitte gib du mir die Kraft, das Alte bei dir am Kreuz abzugeben und im Vertrauen auf dich neu zu beginnen.

Merke:

Nicht die Schuldfrage ist zu klären, sondern die persönliche Frage an mich: Bin ich bereit, den Weg von Jesus zu gehen?

Ich sage Ja zu dir

Das völlige Ja bei der Hochzeit verkehrt sich oft in Misstrauen und Angst

Bei der Hochzeit sprechen wir normalerweise ein vorbehaltloses Ja zu unserem Partner. Je länger wir ihn aber kennen, umso mehr Verletzungen haben sich in uns angehäuft, die wir durch ihn erfahren haben. Auch wenn diese ausgesprochen und bereinigt wurden, sind sie ein Teil der gemeinsamen Vergangenheit geworden. Weil diese Verletzungen oft denselben Ausgangspunkt haben, vertiefen sich Misstrauen und Angst, es könne erneut zu solchen Erfahrungen kommen. Dadurch ist das Miteinander belastet und die Herzlichkeit zueinander geht verloren.

Arznei für Schwierigkeiten

Damit das nicht geschieht, fand eine Frau folgende Lösung für sich selbst: »Ich versuche schon morgens , meinem Mann zu vergeben, womit er mich heute verletzen könnte.«

Sie hatte dies irgendwo gelesen und als Arznei für ihre Ehe übernommen. Ich sage Ja zu dir! Das wünschen wir uns so von Herzen, von unseren Kindern, unseren Eltern, unserem Chef und unseren Mitarbeitern. Am meisten sehnen wir uns nach diesem Ja, wenn wir verheiratet sind.

Kopieren Sie den nachstehenden Text! Hängen sie ihn in die Tür Ihres Schlafzimmerschrankes, die Sie am häufigsten öffnen.

Oder rahmen Sie den Text ein.

Auch an der Küchenpinnwand oder am Küchenschrank macht er sich gut.

Gehen Sie neu in die Offensive!

Warten Sie nicht, bis Ihr Partner vollkommen ist.

Sagen Sie heute Ja zu ihm, weil Gott Ja zu Ihnen sagt.

Ich sage Ja zu dir

DU,
wie glücklich war ich damals,
als wir heirateten.
Mit einer tiefen Freude
war mein Herz erfüllt,
ein ganzes Leben an deiner Seite zu verbringen.
Ich konnte es kaum abwarten,
mit dir zu leben,
jeden Tag neben dir aufwachen zu dürfen.
Damals wollte ich dich auf Händen tragen,
alles für dich tun.

Aber inzwischen sind Wochen, Monate
und Jahre vergangen.
Immer mehr Enttäuschungen folgten.
Verletzung häufte sich auf Verletzung,
Traurigkeit auf Traurigkeit.
Manchmal meinte ich,
dich nicht mehr lieben zu können.
Ich war so verwirrt
von deinem Handeln und Reden.
Es hat so wehgetan.
Aber sicher habe auch ich dich verletzt,
manchmal bewusst, und sicher oft,
ohne dass ich es wusste und merkte,
dir wehgetan durch meine Worte und Reaktionen.
Wie oft warst du von mir enttäuscht,
traurig über mich.

Du, ich möchte dich von Herzen bitten:
Vergib mir alles, womit ich dich betrübt habe!
Es tut mir von Herzen Leid.

Vergib mir, wo ich deine Gefühle
nicht ernst genommen habe,
verzeih mir, wo mir andere Dinge
wichtiger waren als du.

Und auch ich will dir vergeben.
Ich will meine Bitterkeit aufgeben
und dafür zulassen, dass Gott an mir arbeitet.

Ich nehme dich heute neu
als meinen Ehepartner an.
Ich sage JA zu dir.
Lass uns mit Gottes Hilfe
Schritte aufeinander zugehen.
Möge Gott unseren Ehebund neu segnen!
Ich liebe dich.

Ruth Heil

Wenn's kracht

Die Ehefrau jammert

»Wenn wir Krach miteinander haben, geht mein Mann nach der Arbeit zu seiner Mutter und isst dort. Manchmal bleibt er auch über Nacht. Statt mit mir die Sache auszudiskutieren, zieht er sich zur Mutter zurück. Die freut sich natürlich immer mächtig, wenn er kommt, und umsorgt ihn wie einen Fürsten«, berichtet die Frau wütend.

Der Ehemann klagt

»Wenn bei uns miese Stimmung herrscht, hängt sich meine Frau ans Telefon. Sie ruft oft bei ihrer Mutter an. Dann lässt sie mich unfreiwillig mithören, was für ein mieser Typ ich bin. Kein Wunder, dass ich mit den Schwiegereltern kein super Verhältnis habe.«

»Darum wird ein Mann seinen Vater und seine Mutter verlassen und seiner Frau anhangen ...« 1. Mose 2, 24.

Das sind die Worte, die Gott dem ersten Menschenpaar mitgibt. Dabei hatten die beiden keine irdischen Eltern, sondern nur Gott als ihren Schöpfer. Gott wusste zu diesem Zeitpunkt schon, dass es in der Ehe Konflikte geben würde, wenn dieser Maßstab in der Eltern-Kind-Beziehung nicht eingehalten würde.

Verlassen heißt nicht im Stich lassen

In aller Deutlichkeit ordnet Gott an: Vater und Mutter verlassen! Das meint natürlich nicht: die Eltern im Stich lassen, abschieben, ihnen keine Bedeutung mehr zukommen lassen!

Dieser Satz heißt vielmehr: Hört als Ehepaar auf, den bequemsten Weg zu gehen und euch nochmals in die Geborgenheit des Elternhauses zurückzuziehen. Werdet erwachsen. Stellt euch den Aufgaben der Ehe. Schreit nicht mehr wie ein Kind, wenn es ein Problem gibt. Sucht selbst nach Lösungen und weicht nicht aus, indem ihr euch resigniert zurückzieht und nach Mama und Papa ruft.

Der eigene Ehepartner ist wesentlich anstrengender als die Mutter

Eine Mutter versteht alles, entschuldigt alles, erträgt alles, fühlt mit, leidet mit, versucht auszugleichen. Das Mutter-Kind-Verhältnis ist die ungleiche Gemeinschaft von Menschen, bei denen einer hauptsächlich der Gebende, der andere hauptsächlich der Nehmende ist. Wer aber verheiratet ist, spürt die Herausforderung, zur Reife zu finden - oder zu scheitern.

Wir brauchen Profil, um echte Partner zu sein

Wer Profil hat, hat auch eine eigene Meinung, die im Gegensatz zu den Vorstellungen des anderen stehen kann. Persönlichkeit zu sein bedeutet, die eigenen Gedanken klar zu Gehör zu bringen, aber auch darauf verzichten zu können, dass sie durchgeführt werden.

Wer nur verzichtet, hat entweder ungeheure Größe - oder ein sehr starkes Harmoniebedürfnis. Wenn der Verzicht der eigenen Vorstellungen nur deshalb stattfindet, um einem Konflikt aus dem Weg zu gehen, bleibt ein Teil der Partnerschaft leer. Der dominante Ehepartner wird an seinem Reifeprozess gehindert.

Ehe zu leben ist die Herausforderung, sich immer neu auf den Ehepartner mit seinen Veränderungen einzustellen.

Die Bindung des Sohnes an die Mutter

Vielleicht ist in diesem Text der Mann besonders angesprochen, weil er häufig mehr an die Mutter gebunden ist als die Frau. Die Mutter war die erste Frau in seinem Leben, der er sehr nah gekommen ist, mit der ihn die stärksten Berührungen verbinden. Mutter-Sohn-Beziehungen sind in der Regel ungetrübter als Mutter-Tochter-Verbindungen.

In der Teenagerzeit und auch danach hängen Söhne oft mehr an ihren Müttern als Töchter. Vielleicht liegt das auch daran, dass der Sohn sich in der Teenagerzeit nicht so stark von der Mutter ablösen muss. Er hat als angehender Mann eine andere Identität als seine Mutter, die als Frau lebt und denkt. Die Tochter hat es wesentlich schwerer, da sie sich sowohl als Kind von der Mutter als auch als angehende Frau von der Mutter ablösen muss, um ihre eigene Identität als Frau zu finden.

Mit der Hochzeit ändert sich vieles

Danach orientiert sich der Sohn mehr zur eigenen Frau, manchmal auch mehr zur Familie der Frau hin.

Je älter die junge Frau wird, umso stärker entwickelt sich auch die Verbindung zur Mutter wieder neu, meist dann, wenn sie selbst Mutter wird. Da nun gemeinsame Gefühle eine neue Beziehungsebene schaffen, kann ein enger Kontakt entstehen. Dabei werden auch Enttäuschungen über Verhaltensweisen des Mannes ausgetauscht, was die junge Ehe nicht unbedingt stärkt.

Der Graben zwischen Mann und Frau wächst, wenn der eigene Mann mit dem Vater, der in manchen Situationen auch keine Gefühle zeigte, verglichen wird.

»Vater und Mutter verlassen« meint: Die eigene Ehebeziehung über jedes andere Verhältnis einordnen

In der Ehe muss das Ziel gesetzt sein, erwachsen zu werden. Konflikte werden angegangen, indem sie ausgesprochen werden. Verdrängung führt zu Entzweiung. Wo ein Ehepartner immer wieder zu den Eltern flieht, um dort verstanden zu werden und Recht zu bekommen, wird eine Ehe auf Dauer scheitern.

Mann und Frau müssen lernen, Schwierigkeiten auszuhalten, ohne dabei zu resignieren. Wir können eine eigene Meinung haben, die wir aber auch zurückstellen können. Wir sollten fähig sein, das, was man als richtig erkannt hat, zu äußern und umzusetzen.

»Vater und Mutter verlassen und an seiner Frau hängen« heißt an dieser Stelle letztlich: Verantwortlich Partnerschaft leben lernen, ohne sich in den Stand des Kindseins zurückzuziehen, wenn einem der Wind zu rau um die Nase bläst.

Zum Nachdenken:

In welchen Situationen ziehe ich mich in mein Kindsein zurück? Wann reagiere ich in meiner Ehe mit kindischem Trotz, motzendem Schweigen oder auch unangebrachten Gefühlsausbrüchen? Wann lasse ich mich dazu verleiten, meine Enttäuschung über meinen Partner vor die Ohren von Vater und Mutter zu bringen – statt zu einem Seelsorger, einem Ehetherapeuten oder auch zu Gott?

Hat mein Ehemann/meine Ehefrau den von Gott zugedachten Platz an meiner Seite oder bestimmen mich innerlich immer noch meine Eltern (und sei es durch Schuldgefühle, die sie mir machen)?

Gebet:

Vater im Himmel, du sagst, wir sollen Vater und Mutter verlassen. Das scheint in der ersten Zeit der Liebe so einfach. Doch später, wenn manches anfängt, kompliziert zu werden in der Ehe, ist es sichtlich unproblematischer, mit den Eltern Kontakt zu pflegen als mit dem Partner, der immer neue Ideen, Wünsche und Vorstellungen hat. Ich will die Herausforderung zur Reife neu annehmen. Hilf mir, aus der Resignation herauszufinden. Gib mir den Mut, Disharmonie auszuhalten, wenn ich etwas als richtig erkenne. Verschließe meinen Mund, wenn ich immer nur meine Sicht durchsetzen möchte. Lehre mich, eines vom anderen zu unterscheiden!

Merke:

Wer nicht bereit ist, seinem Ehepartner die Stelle vor Vater und Mutter einzuräumen, bekundet damit, dass er letztlich nicht bereit ist, zur Reife zu kommen.

Auf die Pflege kommt es an

Im Zwiegespräch zum Thema Auto (kann auch Fernseher, Videos, PC heißen)

Er habe ihn nie im Stich gelassen. Immer, wenn er ihn brauchte, sei er einsatzbereit gewesen. Eigentlich schade um ihn. Und auch gemein, dass er ihn nun gegen einen anderen austauschte! Von wem er sprach? Von seinem Wagen. Und ich wollte wissen: »Haben Sie ihn auch gut gepflegt? Waren Sie regelmäßig in der Werkstatt? Haben Sie rechtzeitig das Öl aufgefüllt?« »Wo denken Sie hin«, entrüstete er sich. »Das versteht sich von selbst. Alles rechtzeitig! Und einmal pro Woche habe ich ihn geputzt, außen und innen.« Leise, fast verschämt, fügte er hinzu: »Ab und zu habe ich auch seinen Kotflügel gestreichelt, so als Dankeschön. Nun ja, nun hab ich den Neuen, und der ist auch nicht zu verachten, aber der Alte, da wusste man einfach, was man hatte!«

Im Zwiegespräch zum Thema Ehe

»Verheiratet?«, frage ich weiter. »Na klar. In meinem Alter. Was soll man da ohne Lebensgefährtin. Besser man heiratet gleich. Dann hat man sie ein wenig in der Hand. So ganz weiß man ja nie. Aber so ist's ein bisschen sicherer.« »Wie lange machen Sie das schon mit?« »Immerhin acht Jahre. Eine lange Zeit«, meint er dann sinnierend. »Ja wirklich, ist es schon so lange?« »Pflegen Sie sie auch?«, bohre ich weiter. »Na ja, was soll man da pflegen? Ich erledige ja auch meinen Teil: Ich bringe das Geld heim und so.« »Nun, ich meine, einmal pro Woche putzen, Öl nachschauen, Lichter prüfen, rechtzeitig tanken. Vielleicht sogar mal zärtlich übern Kotflügel fahren und sie loben, so wie Sie eben Ihr Auto lobten.« Etwas beschämt schaut er nach unten. »Da habe ich nie darüber nachgedacht. Tja, eigentlich sollte man so etwas öfter tun. Dem Auto hat's jedenfalls nicht geschadet, dass ich so gut mit ihm umgegangen bin.«

Zum Nachdenken:

Wann haben Sie als Mann das letzte Mal über Ihr Auto nachgedacht oder darüber, Ihren PC nachzurüsten, Ihre Videosammlung zu ergänzen, vielleicht auch, sich Kabel zuzulegen - oder Sie als Frau über Wohnung, neue Kleider, Frisur oder Urlaub?

Wie gut pflegen Sie, was Ihnen wichtig ist? Unser »Besitz« ist nur so viel wert, wie wir ihn pflegen!

Menschen sind mehr wert als Auto, Kleidung oder irgendetwas anderes. In dem Maße, wie wir uns ihnen zuwenden und sie liebevoll behandeln, werden sie zur Schönheit und zum Leuchten kommen oder verkümmern und auch nicht mehr »funktionieren«.

Gebet:

Vater im Himmel, du kennst alle meine Gedanken. Ich schäme mich dafür, wie oft ich über Äußerlichkeiten nachdenke und wie wenig über den Menschen an meiner Seite. Gib, dass ich den anderen im Blick behalte und pflege, wie die Dinge, die mir wertvoll sind. Lass mich nicht durch Nachlässigkeit verlieren, was du mir anvertraut hast.

Merke:

Zuwendung und Lob haben für die Seele eine ähnliche Funktion wie Öl fürs Getriebe.

Die tägliche Herausforderung in der Familie mit kleinen Kindern

Wenn die lieben Kleinen schlafend in ihren Betten liegen, sehen sie einfach nur süß aus. Dann erwachen in manchen Eltern Schuldgefühle darüber, dass sie ungeduldig mit ihnen am Tag umgegangen sind …

Doch nach einer reichlich gestörten Nacht beginnt ein neuer Morgen und eine neue Herausforderung an die Nerven. »Kinder ernähren sich von rohen Nervenspitzen«, hörte ich neulich. Gerade das erste Kind schafft eine ganz andere Komponente in der Partnerschaft.

Die Frau, erschöpft durch Schwangerschaft und Geburt, ist oft nicht in der Lage, den ganz normalen Haushalt zu bewältigen.

Ich erinnere mich noch sehr gut daran, wie es mir kaum gelang, das Mittagessen zu kochen. Manchmal war ich so sehr erschöpft, dass ich weinend vor der ungebügelten Wäsche saß, unfähig, mit dem Bügeln zu beginnen.

Durch das Stillen erlebte ich beglückend die Nähe zu unserem kleinen Sohn. Ich war mit Leib und Seele Mutter. Doch gleichzeitig spürte ich, wie unsere Partnerschaft auch belastet war. Vieles, was sonst ganz selbstverständlich gewesen war, funktionierte nicht mehr. Mein Mann konnte das nur schwer verstehen. Einen Säugling konnte man doch einfach ins Bettchen legen und eine andere Arbeit verrichten. Wieso klappte das bei mir nicht? Alle anderen Mütter schienen das mühelos zu schaffen. So kam es mir auch vor.

Väter sind manchmal auch ganz geschafft

»Wenn ich nach Hause komme, finde ich meine Frau oft völlig aufgelöst vor. Ich steige über sämtliche Spielsachen hinweg in die Küche. Die Kinder streiten miteinander. Das Abendessen ist nicht vorbereitet. Ich frage sie: ›Was hast du eigentlich den ganzen Tag geschafft?‹ Dann rastet sie entweder aus oder beginnt zu heulen.«

Dies ist der Kurzbericht eines Vaters von zwei kleinen Kindern.

Und hier ein weiterer Vater: »Ich drehe den Schlüssel in der Haustür. Da kommt mir schon meine Frau entgegen, gibt mir den schreienden Säugling auf den Arm und verschwindet im Schlafzimmer.«

»Seit wir ein Kind haben, dreht sich alles nur noch um das Kind. Ich scheine abgeschoben zu sein. Wenn das Kind schreit, rennt meine Frau. Wenn ich mal etwas brauche, scheint es nicht wichtig zu sein.«

Kinder brauchen Zuwendung

Sie kümmern sich kaum darum, höflich darum zu bitten. In der Regel schreien sie einfach danach, bis die Eltern reagieren.

Ehepartner verhalten sich meist nicht so. Zwar suchen auch sie Zuwendung auf ihre Weise zu bestimmten Zeiten. Aber wenn der Partner nicht auf ihre Anspielung eingeht, ziehen sie sich zurück, sind beleidigt oder antworten gereizt.

Frauen mit kleinen Kindern sehnen sich häufig nach Gespräch

Sie möchten sich austauschen oder einfach ihre Gefühle mitteilen.

Weil kleine Kinder keine anspruchsvollen Fragen stellen, entwickelt sich in der Frau ein Defizit. Zugleich ist sie durch ein

Kleinkind ein Stück von der Umwelt isoliert und an das Haus gebunden.

Die Mutter eines Säuglings oder auch von mehreren kleinen Kindern ist eine gefragte Frau. Sie wird umarmt, geküsst, die Kinder legen die Wange an ihre Wange, sie sitzen auf ihrem Schoß. Mit Nähe ist sie also eingedeckt. Deshalb hat sie häufig nur wenig Verlangen nach körperlicher Zuwendung durch ihren Mann. Ihn sucht sie vielmehr als Gesprächspartner.

Männer wollen Nähe

Beim Mann ist es oft umgekehrt. Müde von der Arbeit kommt er nach Hause. Nach allen Problemen und gesuchten Lösungen, Erklärungen und Besprechungen im Beruf, dem Funktionierenmüssen als Vater, sehnt er sich danach, seiner Frau einfach seine Liebe körperlich ausdrücken zu dürfen.

Die Frau fühlt sich nicht angenommen. »Will er nur das Eine?«, fragt sie sich. »Ist nicht das Gespräch viel wichtiger, damit wir uns wirklich kennen lernen? Wenn er nur körperliche Nähe will, sucht er gar nicht mich, sondern nur meinen Körper. Ich selbst bin ihm anscheinend nicht wichtig. Außerdem bin ich so fertig, dass ich nicht nochmals etwas leisten kann. Das muss er doch verstehen.«

Der Mann fühlt sich abgewiesen. »Ist sie nur noch Mutter unserer Kinder?«, denkt er nach. »Für sie nimmt sie sich doch auch immer Zeit. Wo bleibe ich? Die Kinder holen sich einfach Zuwendung von ihr. Aber ich soll warten, hinten anstehen, Rücksicht nehmen. Dabei sehne ich mich nach ihrer Geborgenheit und Nähe, möchte ihr meine Liebe schenken.«

»Kinder sind Gäste«, sagte eine afrikanische Mitarbeiterin. »Der Mann bleibt.«

Kinder dürfen nicht zum Mittelpunkt des Denkens der Mutter werden

Sonst verliert die Frau ihren Mann und die Kinder den Vater und die Mutter die Kraft, die Kinder großzuziehen.

Immer neu sollte die Entscheidung fallen: Mein Ehepartner ist nach Gott der mir wichtigste Mensch für mein Leben. Damit diese Entscheidung leichter fällt, dürfen sich beide, Mann und Frau, immer neu umeinander bemühen: Der Mann um das Gespräch mit seiner Frau. Denn wer seiner Frau seine Ohren zur Verfügung stellt, hat auch ihr Herz in Besitz.

Die Frau um Nähe mit ihrem Mann. Denn wer zur Heimat seines Mannes wird, bei der fühlt er sich zu Hause und hört auf zu kämpfen oder sich zurückzuziehen.

Zum Nachdenken:

Welchen Platz hat unser Kind / haben unsere Kinder bei uns eingenommen?

Gebe ich meinem Ehepartner die Art Zuwendung, nach der er sich sehnt?

Klage ich nur ein, was mir nicht gefällt?

Wie könnte ich in Zukunft anders reagieren?

Gebet der Frau:

Vater im Himmel, oft fühle ich mich zu kurz gekommen. Ich möchte mich austauschen mit meinem Mann, aber er ist zu müde, um mir wirklich zuzuhören. Manchmal interessiert es ihn auch gar nicht, wie ich mich fühle. Er will einfach in Ruhe gelassen werden. Dann habe ich das Gefühl unendlicher Einsamkeit, trotz Familie.

Gebet des Mannes:

Vater im Himmel, meine Frau scheint jedes unserer Kinder zu verstehen und sich in es einzufühlen. Aber wenn ich ihre Nähe brauche, meint sie, ich müsse das aushalten, da ich erwachsen sei. Sie ist mir irgendwie verloren gegangen, seit wir Kinder haben. Ich habe nur noch eine Mutter für meine Kinder. Sie ist zwar eine ausgezeichnete Mutter. Aber könntest du sie bitte daran erinnern, dass sie auch noch mit mir verheiratet ist?

Merke:

Kinder lernen an uns, wie eine Ehe gelebt wird. Sie brauchen unser Vorbild als Eheleute, um einmal erfüllte Ehe zu erleben. Ehepflege muss also vorrangig behandelt werden.

Interpretationen

»Wenn er mich doch verstehen würde«, stöhnt sie. Und er: »Könnte sie nicht endlich im Klartext reden, was sie will?«

Was wollen wir eigentlich in der Ehe? Je länger wir verheiratet sind, umso mehr wünschen wir uns, dass der Ehepartner unsere Wünsche erahnen und unsere Antworten möglichst so gestalten soll, wie wir es erwarten. Stattdessen sind wir als Frauen häufig enttäuscht über die scheinbare Oberflächlichkeit des Mannes. Wir fragen ihn um Rat, um dann das, was er dazu meint, doch nicht zu befolgen. Für den Mann klingt das Reden der Frauen oft wie Geschwätz und der Austausch über zwischenmenschliche Dinge erscheint ihm nutzlos, da ohnehin nichts daran zu ändern sei.

Um das Gesagte zu veranschaulichen, berichte ich von einem Gespräch, das sich zwischen einem Ehepaar und mir während einer Beratungsstunde etwa so gestaltete:

Voller Schmerz in der Stimme begann die Ehefrau: »Vor kurzer Zeit teilte mir unsere Tochter mit, dass sie sich scheiden lassen werde. Ich war tief erschüttert. Als mein Mann von der Arbeit nach Hause kam, erzählte ich ihm alles. Er war sehr still. Ich meinte seine Betroffenheit zu spüren. Aber dann« – sie kämpfte mit den Tränen – »teilte er mir seine Gedanken mit: ›Da muss ich aber zusehen, dass ich zuvor noch mein Gerüst von ihrem Haus abbaue. Nicht, dass das auch noch verloren geht.‹« Die Frau schluchzte auf. »Wie kann man in solch einer schweren Not an das Gerüst denken«, stöhnte sie vorwurfsvoll.

Jetzt meldete sich der bis dahin stille Mann zu Wort. »Versteh mich doch richtig. Auf die Ehe unseres Kindes habe ich keinen Einfluss. Das Gerüst aber kann ich retten.«

Wie schwer ist es manchmal, die Aussagen des anderen richtig einzuordnen, sein Reden und Schweigen richtig zu interpretieren.

Auch Christen sind da nicht ausgenommen.

Ich habe Freude daran, mit meinem Mann morgens die Losung zu lesen und zu beten. An einem Morgen hatte ich große Freude am Gebet und es fiel länger aus als gewöhnlich. Dann war mein Mann mit Beten an der Reihe. Nach einem Satz sprach er schon sein Amen. Ich fühlte mich bedrückt und meinte, er wolle mir damit signalisieren, dass ich an diesem Morgen viel zu lange gebetet habe für Dinge, die ich auch mit dem himmlischen Vater allein besprechen könnte. Ich war sauer auf ihn, dass er nicht einfach meine Freude beim Beten übernommen hatte. Irgendwann fragte er mich, warum ich so verändert sei. Ich wollte es ihm zuerst nicht sagen. »Du weißt es selbst«, schob ich ihm hin. Schließlich äußerte ich mich doch. Er war erstaunt. »Das hatte doch nichts mit deinem Gebet zu tun«, ließ er mich wissen. »Ich war nur selbst unter solchem Arbeitsdruck, dass ich nicht entspannt beten konnte.«

In solchen Momenten spüre ich, dass meine verletzten Gefühle ihr Recht trotz der erfolgten Klärung behalten wollen. Sie versuchen mir zu suggerieren, dass nicht stimme, was mein Mann sagt. Ich brauche dann immer eine gewisse Zeit, bis ich meinem Mann mehr Glauben schenke als diesen Gefühlen, die sich so aufdrängen.

Die Seele ist wirklich ein eigenartiges Instrument. Sie bestimmt in hohem Grad unsere Stimmung. Was sie an Nahrungsvorgabe bekommt, »kocht sie als Mahlzeit« zusammen. Wenn sie sich schließlich die Mischung zurechtgelegt hat, ist es schwer, sie von anderem zu überzeugen.

Mir hilft da immer neu der Psalm 103. In ihm redet David mit seiner eigenen Seele. Möglicherweise war ihm gar nicht zum Loben zu Mute. Aber er versucht, seine Seele umzustimmen, indem er ihr vorhält, was seine Grundnahrung ausmacht: »Lobe den Herrn, meine Seele, und was in mir ist, seinen heiligen Namen!« Ich setze das um, indem ich, wie David, mit meiner Seele zu reden beginne: Seele, deine Gefühle sind zwar wichtig, aber noch bedeutender ist für mich, dass ich mich in der Nähe Gottes aufhalte. Ich will nicht stundenlang nachtrauern, dass ich mich missverstanden fühle, sondern zu Gott gehen, seinen Namen loben – und ihm dann meine Gefühle bringen und sie namentlich aussprechen. Verletzungen nachzugrübeln, sich zurückzuziehen oder Trübsal blasen sind oft Ersatz für Handeln. Außerdem bekommt der Ehepartner kaum eine Chance der Wiedergutmachung oder die Möglichkeit, den Irrtum zu klären. Wer nur Antworten erwartet, die er gerne hören möchte, ist nicht wirklich fähig zur Partnerschaft.

Den anderen mit seiner Unterschiedlichkeit anzunehmen, ihm aber auch die eigene Meinung darzustellen, das ist letztlich Bereicherung.

Zum Nachdenken:

Sich zurückziehen, schreien, sich ärgern führt zu keiner Veränderung. Entscheiden Sie neu, ob Sie ab jetzt manches bewusst akzeptieren. Vielleicht fallen Ihnen auch konkrete Vorschläge zur Veränderung ein. Helfen Sie mit, damit etwas in Bewegung kommt!

Gebet:

Das Anderssein meines Ehepartners verwirrt mich, Herr. Ich verstehe es oft nicht. Es kommt mir so oberflächlich oder aber auch so emotional vor. Sei du der Dolmetscher für uns, damit wir einander mit deiner Hilfe wirklich begreifen lernen.

Merke:

Gott schuf den Menschen, ihm zum Bilde (1. Mose 1,27).

Je mehr ich im anderen Gottes Bild entdecke, umso leichter fällt es, ihn anzunehmen in seinem Anderssein.

Wunschliste einer Ehefrau

Wenn dies Wunder geschähe,

... dass mein Mann mich danach fragte, wie es meiner Seele erginge. Und dann hörte er mir zu, einfach so. Ohne mich zu belehren, ohne mich zu reglementieren, ohne sich angegriffen zu fühlen, ohne zu gähnen, ohne ärgerlich zu werden, hörte zu, auch wenn ich Pausen einlegte, ohne wissen zu wollen, wann ich endlich fertig wäre ...

... dass er zuhörte, wie ein Freund zuhört, ohne Vorwürfe. Er nähme mich in den Arm, wenn ich weinte, auch wenn der Grund unzureichend wäre oder ich selbst es nicht richtig wüsste, warum ich überhaupt weinte, hielte mein Schluchzen aus, meine Vorwürfe, meine Verzweiflung. Er streichelte sanft übers Haar und beruhigte mich, auch wenn ich gerade den neuen Wagen mit dem Rücklicht an die Hauswand gefahren hätte.

Er würde sich nicht daran stören, dass ich die Zusammenhänge verlöre und mich selbst beschimpfte und verachtete mich nicht wegen des Durcheinanders in meinem Innern, lächelte dabei sanft und nachsichtig, aber nicht überheblich.

... dass er auf mich warten könnte, obwohl er gerne meine Nähe hätte. Er würde mich dann liebevoll in den Arm nehmen und einfach lieb halten, ohne mehr als das zu wollen. Wenn ich es brauchen würde, ginge er auf meine Wünsche ein, nähme sich Zeit, wann immer ich es wünschte, wäre da, ohne auf sich selbst Rücksicht zu nehmen.

... dass er mit den Kindern spielte, während ich ein wenig schliefe und mich ausruhte, und hätte eine Engelsgeduld für sie, er würde unaufgefordert im Haushalt mithelfen. Er würde sehen, was wichtig ist und würde es in Ordnung bringen. Er würde mir großzügig Haushaltsgeld geben und stellte die eigenen Interessen um meinetwillen zurück. Er überschüttete mich mit Komplimenten und würde sehen, wenn ich die Küche geputzt hätte, statt über das Durcheinander im Wohnzimmer zu schimpfen.

… dass er mich trösten würde. Er hielte meine Hand, wenn ich es brauchen würde, nickte mit dem Kopf, trotz gegenteiliger Überzeugung, einfach für diesen Moment, ließe sich nicht davon abhalten mich lieb zu behalten, trotz meiner Kratzbürstigkeit. Er würde mich nicht aufgeben, wenn ich ihn beleidigte. Er würde großzügig mein Schreien und mein Schweigen ertragen, würde mir alle bösen Worte vergeben, hielte meine Verzweiflung und Hilflosigkeit aus. Er schaute in mein Herz und wüsste, wie ich es meine.

Wenn dies Wunder wirklich geschähe, würde ich Gott nicht mehr brauchen

Mein Mann würde zu meinem Abgott werden. Ich würde nie zur Reife kommen und hätte niemanden, an dem ich wachsen kann. Auf egoistische Weise würde sich unser Leben nur noch um mich drehen. Ich würde unzufrieden, immer mehr fordernd. Dieser Mann würde meine Vergebung nicht benötigen. Denn ich hätte nie einen Grund, ihm vergeben zu müssen. Umso mehr wäre ich täglich auf seine Barmherzigkeit angewiesen, würde sie vielleicht mit der Zeit nicht einmal mehr wahrnehmen - oder käme mir ständig als Versager vor. Gott bewahrte uns Menschen davor, vollkommene Ehepartner zu finden. Auf diese Weise brauchen wir die tägliche gegenseitige Vergebung und Annahme. Wir sind und bleiben Lernende.

Unser großer Gott allein ist vollkommen.

Aber von ihm dürfen wir dazulernen. Und dadurch können wir einander wenigstens ein bisschen von dem geben, nach dem sich jeder von uns so sehr sehnt. Und das wird unser Leben, je mehr wir von ihm lernen, bedeutend leichter machen.

Zum Nachdenken:

Wer Wünsche hat, zeigt damit, dass er noch lebendig ist. Wer sein Glück aber an Wunscherfüllungen festmacht, kann depressiv werden.

Wer seine Wünsche nie ausspricht, darf nicht darauf hoffen, dass sie erfüllt werden.

Aussprechen und hoffen, auch wenn nichts zu hoffen ist - und nicht vergessen zu danken und sich zu freuen, wenn es geschieht!

Auf die Suche gehen nach den Wünschen des Ehepartners und ihn froh machen. Wer den anderen beglückt, wird selbst glücklich!

Gebet:

Herr, du erforschst mich und kennst mich. Trotzdem verurteilst du mich nicht. Du kennst die Abgründe meiner Seele.

Du weißt aber auch um alle meine Wünsche. Danke, dass ich sie dir sagen darf. Nur du weißt auch, was gut für mich ist.

Gib mir deinen Heiligen Geist, um unterscheiden zu können, was für unsere Ehe tauglich ist und was aus egoistischen Motiven geboren und hinderlich für unser gemeinsames Wachstum ist, auch wenn es mir wichtig scheint.

Merke:

Mit einem unvollkommenen Ehepartner gibt Gott uns viele Chancen zur Reife und unendliche Möglichkeiten, Vergebung einzuüben.

Wer aufhört zu hoffen, hört auf zu leben! Deshalb: Hoffen und beten!

hänssler

Weitere Bücher von Ruth Heil:

Liebe kennt eine Grenze
Pb., 200 S.
Nr. 854.161, ISBN 3-7751-9161-5

Konflikte gehören zum Alltag dazu, auch in Beziehungen. An der Geschichte zweier junger Menschen zeigt die bekannte Autorin auf, wie Sie mit Spannungen in Beziehungen umgehen können.

Ganz vertraulich, ganz fraulich
Pb., 150 S.
Nr. 854.158, ISBN 3-7751-9158-5

Ruth Heil spricht in ihrer kompetenten Art Themen an, die Frauen bewegen • Ich komme zu kurz • Die liebe Schwiegermutter • Stille Zeit für Hausfrauen • Die mittleren Jahre • und vieles mehr.

Mit 40 fängt »frau« an zu leben
Pb., 192 S.
Nr. 854.159, ISBN 3-7751-9159-3

Mit diesem Ratgeber unterstützt Ruth Heil Sie, eine neue Lebensphase und die damit verbundenen Veränderungen als Frau und Mutter zu verstehen und zu bejahen.

Bitte fragen Sie in Ihrer Buchhandlung nach diesen Titeln!
Oder schreiben Sie an den Hänssler Verlag,
D-71087 Holzgerlingen.